監修者――佐藤次高／木村靖二／岸本美緒

［カバー表写真］
ヴァイセンベルクの戦い、三十年戦争、1620年

［カバー裏写真］
ロスババの戦い布陣図、七年戦争、1757年

［扉写真］
レヒ河畔ラインの戦い、三十年戦争、1632年

世界史リブレット **80**

ヨーロッパの傭兵

Suzuki Tadashi
鈴木直志

目次

歴史学の一分野としての軍事史

歴史学の研究対象は多岐にわたっている。諸国の興亡や権力闘争について研究すれば、それは政治史となり、生産や流通、社会構造といった視点から歴史を取り上げれば、それは社会経済史と呼ばれる。歴史研究の対象としてはそのほかにも、例えば芸術や思想の歴史、技術の歴史などがすでに知られていることであろう。それでは、軍隊や戦争の歴史についてはどうであろうか。

軍隊や戦争の歴史というと、戦史が真っ先に連想されるかもしれない。軍事愛好家のあいだでは、有名な会戦における両軍の用兵戦術であるとか、武器甲《かっ》冑《ちゅう》の歴史などがさかんに取り上げられ、論じられている。実際、彼らをおもな対象にした戦史関係の書籍や雑誌は、よく目にするところである。もとより戦史は、軍事愛好家だけの関心事ではない。戦いの勝敗を決定づけた諸要因を探求する戦史の研究は、そもそも軍の指揮官がおさめるべき不可欠な教養である。したがってそれは、現在でも軍事学の重要な一部として、多くの軍人によって学ばれていることはいうまでもない。

歴史学においても軍事史は、まぎれもなくその重要な一分野をなしている。とはいえ、研究の目的やその視角は、右の戦史研究とは少なからず異なっている。歴史学における軍事史では、軍隊を一つの社会集団とみなし、それとほかの集団との関係であるとか、その固有の特徴を問う姿勢が強く打ち出されるからである。それゆえそこでは、戦術や武器の発展よりもむしろ軍隊が社会におよぼした影響力のほうに、戦争の勝敗を決めた原因よりも平時における将兵の生活のほうに、より多くの関心が向けられる。こうした問いかけをつうじて、その軍隊が属していた時代の特徴を明らかにすること、そしてそこにみられる時代の変化を把握し見極めること、それこそが歴史学の一分野としての軍事史に課せられた課題なのである。

このような前提に立って、本書では「軍隊社会」という言葉を一つのキーワードにして叙述を進めようと思う。「軍隊社会」とは、ある時代の軍隊と直接あるいは間接に関係した一群の人びとを示す概念で、より具体的には、戦闘員である将校や兵士だけでなく、彼らの家族や従軍する諸集団（例えば従軍商人など）をも含む言葉である。「軍隊社会」という言葉は、たしかに耳慣れないかもしれない。けれども「都市社会」や「農村社会」といった表現なら、すでにある程度なじみがあるはずである。言葉に込められる内容はいずれも同じであって、都市にせよ、農村にせよ、そして軍隊にせよ、いずれも固有の秩序や慣習をもつ社会集団として想定されている。「軍隊社会」のみ奇異に感じられるのは、上述の「歴史学の一分野としての軍事史」がまだ広く認知されていないためであろうが、よく考えてみれば、いつの時代においても軍隊が決して社会から切り離された集団でなかったことは、おのずと明らかなはずである。

軍隊はつねに、人口の一定数を占める集団をなし、独自のメカニズムをもちながら国家や社会に関係したと同時に、そのときどきの社会の諸条件に規定された存在であった。その相互関係は現在でもなんら変わらない。「歴史学の一分野としての軍事史」を掲げる本書では、この点を強く意識している。それゆえ、社会集団としての軍隊を明示する意味を込めて、「軍隊社会」という切り口から近世ヨーロッパを考察してみたいのである。

なお、本書の表題は「ヨーロッパの傭兵」であるが、実際に考察する対象はもう少し限定されている。まず扱う時期についてであるが、それはヨーロッパ近世に限られている。近世という時代概念は、ヨーロッパ史研究においては比較的最近定着したもので、その始点と終点の年は論者によって若干異なるが、おおむね十六世紀から十八世紀までの三〇〇年間と考えられている。同義語として初期近代という概念が使われることもある。宗教改革、絶対主義、啓蒙などで知られる時代である。なかでも三十年戦争の終結(一六四八年)は、時期的にちょうどこの三〇〇年の中間の時点にあたる。ドイツの場合はとくに、三十年戦争後にオーストリアやプロイセンといった主要領邦で絶対主義が確立し、それが政治史のうえで重要な画期とみなされることから、この戦争の終結を目安に近世を二分することが多い。また、この時期区分と対応するように、ドイツの軍事史研究でも、絶対主義時代における常備軍の出現に着目して、前半の傭兵軍時代と後半の常備軍時代というように近世を二分して考えるのがふつうである。本書で取り上げるのは、三十年戦争以後の傭兵であるから、この時期区分に従えば、傭兵軍時代の末期から十八世紀末にいたるまでの常備軍時代ということになる。

傭兵は近世ヨーロッパの軍事力の主体であった。だが、傭兵そのものは周知のように、ヨーロッパにおいてはすでに古代ギリシア以来存在している。近世以前についていえば、例えばオドアケル▲などは、西ローマ帝国を滅ぼした傭兵隊長として広く知られていることであろう。また中世末から近世初頭にかけて、イタリア人傭兵やスイス人傭兵がヨーロッパ各地の戦争を華々しく彩ったことについても、すでに周知のところであろう。近世ヨーロッパの傭兵を論ずるのなら、まずもってこれらについて言及されねばならないところだが、本書の問題関心は主として三十年戦争以後の傭兵にあるため、残念ながらこれらを取り上げることはできなかった。十六世紀以前について言及できたのは、三十年戦争時代の傭兵の前身となったランツクネヒト(ドイツ人傭兵)▲にとどまっている。本論にはいる前に、あらかじめこれらの点についてお断りしておかねばならない。

▼オドアケル(四三三〜四九三)　西ローマ皇帝の親衛隊にはいり、四七五年にはゲルマン人傭兵隊長に推戴される。最後の西ローマ皇帝ロムルス＝アウグストゥスを追放してイタリア王を称した。その後東ローマ皇帝の意を受けた東ゴートのテオドリクスによって暗殺された。

▼ランツクネヒト　十五世紀末にあらわれ、十六世紀に隆盛を極めた南ドイツ出身の傭兵。皇帝マクシミリアン一世が皇帝軍の中核にすえて育成をはかって以来、スイス傭兵と並ぶ屈強の傭兵部隊として各国の軍隊で戦った。

①—三十年戦争時代の傭兵軍

樹木に例えられた連隊

三十年戦争を題材にした同時代の作品に『阿呆物語』という小説がある。作者のグリンメルスハウゼン▲は、バロック時代のドイツの代表的作家で、『阿呆物語』も同時代の小説として文学的評価の高い作品である。彼は長く従軍していたことから、この小説で描かれている軍隊や戦争の叙述は一般に信憑性《しんぴょうせい》が高いとされ、当時の傭兵軍のようすを伝える史料としてよく用いられている。その第一巻には、主人公の少年が夢を見るくだりがあり、つぎのような兵隊の世界が語られている。

どの木の頂にも一人ずつ貴族が坐っていたし、どの枝にも葉のかわりにさまざまな男がならんでいた。ある男は長槍を持ち、またはマスケット銃を、短銃を、戟《ほこ》を、中隊旗を持ち、ある男は太鼓、または笛を持っていた。……木の根は虫けら同然の人々からできていて、職人も日雇人夫もいたが、わけても百姓の数がもっとも多く、ほかの人々もそれに似た階級の人々で

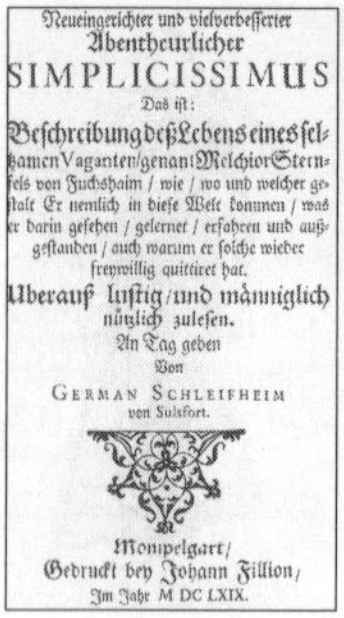
Neueingerichter und vielverbesserter
Abentheurlicher
SIMPLICISSIMUS
Das ist:
Beschreibung deß Lebens eines selzamen Vaganten/genant Melchior Sternfels von Fuchshaim / wie / wo und welcher gestalt Er nemlich in diese Welt kommen / was er darin gesehen / gelernet / erfahren und außgestanden / auch warum er solche wieder freywillig quittiret hat.
Uberauß lustig/und männiglich nützlich zulesen.
An Tag geben
Von
German Schleifheim
von Sulsfort.
Mompelgart/
Gedruckt bey Johann Fillion/
Im Jahr M DC LXIX.

『阿呆物語』の表紙

▼グリンメルスハウゼン（一六二一頃〜七六）　ドイツの作家。パン屋の子として生まれたが、三十年戦争の惨禍にみまわれて軍隊に入営する。戦後は貴族領の管理人などをして生計を立てた。『阿呆物語』は、ドイツ文学史上はじめて近代的なリアリスティックな表現で時代と風俗を描いた作品といわれている。

あった。……木の根は苦しみに喘ぎつづけ、泣きの涙で日を送らねばならなかったが、根にもっとも近い下枝にならんでいる兵隊どもは、もっとずっとひどい苦労と労苦と困苦に堪え、それを切り抜けて行かなくてはならなかった。しかしこの連中は、根の人々よりもいつも陽気であったし、傲慢で暴君で、その大部分が罰あたりで、根にとっていつも重い堪えがたい十字架であった。（望月市恵訳。旧字体や読みにくい漢字は表記を改めた。この点以下の引用でも同じ）

ここで樹木に例えられているのは、傭兵軍の基本単位をなす連隊である。貴族が坐っている木の頂とは、連隊を統括する連隊長職のことであり、木の大部分をなす枝葉は、長槍兵、マスケット兵▲、鼓手といった一般兵士を指している。彼らは、根である農民に重圧をかけて栄養をとっているようである。また兵士のあいだにも上下があって、「根にもっとも近い」末端兵士は厳しい生活をしいられていることがわかる。『阿呆物語』の後段では、彼らの一段上の枝にいる兵士たちも登場する。「古狐」と呼ばれるこの上枝の兵士たちは、「何年間も一番低い枝で危ない綱渡りに抜け目なく立ちまわり、根にもっとも近い枝にな

▼マスケット兵　マスケット銃兵。マスケット銃は十六世紀前半にスペインで生まれた重小銃。銃身が長く重いためその後の実戦では用いられなくなったが、「マスケット銃」という名称は、ピストルより大きい肩射ち銃のすべてを指す言葉として使われつづけた。

らんでいる連中よりはいかめしく見え、貫禄もあった」。古狐の上の枝にはさらに軍曹や曹長がいて、「下枝の連中を顎《あご》で自由にできるので、いっそうふんぞり返っていた」。興味深いのは、この軍曹や曹長の枝ともう一段上の枝とのあいだである。グリンメルスハウゼンによれば、二つのあいだの幹はある種の境目をなしていて、それは「どんな木登りの名人であっても、貴族以外の者にはよじ登れない区間」であるという。

これらの比喩で語られている連隊とは、そして当時の傭兵軍とは、具体的にはどのようにして組織され、どのような人びとから成り立っていたのだろうか。本章では、右のグリンメルスハウゼンの言葉を手がかりにしながら、傭兵軍の構成員とその出自とに注目して、当時の軍隊社会の特徴を明らかにしよう。

軍隊という企業

傭兵軍時代の軍隊は、基本的には、傭兵隊長という軍事企業家によってつくられた企業であった。傭兵隊長は自己の才覚で軍隊を編成し、それを君主に供給した。その動機は当然のことながら、中世騎士のような「主君のため」でもなければ、近代国民軍におけるような「祖国のため」でもなかった。彼の目当はあくまでも、戦利品をはじめとする利益である。当時の戦争はビジネスだったのであり、軍隊はこのビジネスを追求するための組織、つまり企業にほかならなかったのである。

傭兵軍の創設は、まずは最高司令官である君主と傭兵隊長との契約から始まる。契約が結ばれると、傭兵隊長は有能な連隊長に連隊編成の特許状を与え、業務をいわば下請けさせた。続いて、今度は特許状を受けた連隊長たちが中隊長を任命し、募兵や給養といった業務にあたった。それゆえ、当時の軍隊の実質的な基本単位は、孫請けにあたるこの中隊であったということができる。連隊はこのような中隊の集合体であり、さらにその連隊が複数集まることで、当時の傭兵軍は成り立っていたのである。

中隊はしかも、たんなる軍事組織上の単位ではなかった。というのも、近世の軍隊において中隊は、中隊長による経営体という性格を濃厚にもっていたからである。その維持にともなう損得は、すべて中隊長のふところにはね返った。すなわち、維持費を節減すればそれは彼の儲けになり、必要以上の費用を費やせば、その赤字分を彼自身が補塡せねばならなかったのである。このような中隊の運営の仕方は、ふつう中隊経営と呼ばれている。その一例としては、新兵の査閲《さえつ》にさいしての、中隊長による費用の水増し請求があげられるだろう。この時代の軍隊では、募兵のあと、君主の代理人による査閲がおこなわれていたのだが、そのさいに中隊長は兵員数を水増し報告して、幽霊人員の給料を自らのふところにおさめていたのである。最高司令官である君主が中隊経営に介入することはなかった。中隊経営は、中隊が君主権力の直接およばない自立的な空間であることを示す典型的な事例なのである。

　中隊長の地位が軍隊内の一階級にとどまらない重要性をもったのは、これ以外にも理由があった。中隊長職は、将校を大きく上級と下級に分けただけでなく、軍隊全体においても分水嶺的な地位になっていたからである。三十年戦争期の軍隊では、この地位を境にしてそれ以上の階級の出自は貴族、それ以下の階級は平民というように、社会的出自がほぼ二分されていた。さきの樹木の例えにあった、どうしてもよじ登れない区間とは、この中隊長職のことを指しているのである。貴族以外の者がそれ以上の階級に昇進するのは、ほぼ不可能で

▼ヴァレンシュタイン（一五八三〜一六三四）　近世ドイツ最大の傭兵隊長。ベーメンの小貴族の出身だが、結婚やベーメン反乱の鎮圧をつうじて莫大な金銭と土地をえる。フリートラント侯に叙せられ戦争企業家として大成功をおさめたものの、政治的に不穏な動きを示したため皇帝の命により暗殺された。

▼ティリー（一五五九〜一六三二）　旧教連盟軍将軍。一六三〇年以降は皇帝軍総司令官。三十年戦争期の最重要指揮官の一人。ヴァレンシュタインとは異なって政治的野心をもたず、イエズス会士として厳格で禁欲的な生活を送ったため、「甲冑の修道士」の異名をもった。

▼パッペンハイム（一五九四〜一六三二）　皇帝軍将軍。血気盛んな猛将で、機敏かつ激烈な騎兵攻撃で知られた。ヴァイセンベルク、ブライテンフェルトといった三十年戦争の主要な会戦にはほぼすべてに加わった。リュッツェンの戦いで致命傷を受け死亡。

あった。周知のように、この時代には貴族を上にあおぐ身分制的階層秩序が厳然と存在していたのであるが、三十年戦争期の軍隊社会は、この秩序を如実に反映していたのである。

実際、上級将校職はほぼ貴族によって、すなわち、上はヨーロッパの高級貴族に始まり、下は地方貴族にいたるまでの貴族全般によって独占されていた。例えば、皇帝軍総司令官ヴァレンシュタイン▲はベーメン（現在のチェコ）出身の貴族であり、「甲冑《かっちゅう》の修道士」と呼ばれたティリー▲将軍は、ブラバントの貴族であった。また彼らを支えた将官パッペンハイム▲やピッコローミニ▲といった者たちも、無論のこと貴族であった。これにたいして、下級将校の各階級は、財産のある都市民によって多く占められていたといわれている。

もとより、貴族以外の者が上級将校になることは絶無ではなかった。輝かしい武功によって昇進をとげた「幸運な兵士」も、若干ながら存在したのである。例えば、バイエルン軍騎兵総司令官にまで登りつめたヤン・フォン・ヴェルト▲、同騎兵連隊の指揮官だったヨーハン・シュポルク▲は、パーダーボルン司教領の体僕農民（領地に縛られている農民）であった。そのほかにも、

▼ピッコローミニ（一五九九～一六五六）　皇帝軍将軍。トスカナの名家に生まれ、ヴァレンシュタイン軍の将官として卓越した才能を示した。ヴァレンシュタインからは信頼されていたが、その挙動をウィーン宮廷へ密告して彼の暗殺に深くかかわった。

▼フォン・ヴェルト（一五九一～一六五二）　当初はスペイン軍に属したが、のちに旧教連盟軍へ移り、ティリー没後には騎兵連隊の指揮を執った。『阿呆物語』にもしばしば登場し、下層民出身の将軍として民衆に非常に親しまれた。

▼シュポルク（一六〇〇頃～一六七九）　三十年戦争中はおもに、ヤン・フォン・ヴェルトの下でバイエルン軍騎兵指揮官として活躍。のちに皇帝軍へ移り、一六六四年のザンクト・ゴットハルトの戦いで武功を立て、皇帝軍騎兵総司令官にまでなった。

▼デルフリンガー（一六〇六〜九五）ブランデンブルク軍将軍。貧農の子だったが、裕福な女性との結婚で経済的な基礎をえ、その後騎兵隊指揮官として声望を高めた。ブランデンブルク選帝侯の信任が厚く、騎兵と砲兵の分野でプロイセン常備軍の設立に多大な貢献をした。

オーストリアの農民の出身でブランデンブルク軍の将軍となったゲオルク・デルフリンガー▲など、卑しき身分の者が実力によって昇進した例はいくつかみられる。たしかに彼らの事例は、兵士たちの希望や目標になったかもしれないが、絶対数においてこうした事例はやはり圧倒的に少ない。一般兵士が昇進できたのは、せいぜい下士官までだったのである。

兵士の社会的出自

三十年戦争時代の兵士には、極めて悪いイメージがつきまとっている。同時代人のグリンメルスハウゼンが彼らを「傲慢で暴君で、その大部分は罰あたり」な輩《やから》と呼んでいたのは、すでにみたとおりである。このような傭兵像は、現在でもなお生きつづけていることであろう。実際、当時の傭兵として想像されるのは、掠奪《りゃくだつ》、放火、殺人、強盗、強姦《ごうかん》など、あらゆる凶悪行為をほしいままにした男たちのはずである。彼らの社会的出自についても同様で、傭兵たちはがんらい、まっとうな職を持たない者、浮浪する「あぶれ者」や「根無し草」であったと考えられている。たしかに、当時の軍隊にこの種の傭兵が相当

●――ティリー

●――ヤン・フォン・ヴェルト

●――ピッコローミニ

●――パッペンハイム

●――ヨーハン・シュポルク

募兵のようす

数存在したことは事実であるし、傭兵が社会の周縁集団と強い関わりをもっていたことも疑いない。だがそれにしても、傭兵になった人びとのほとんどが、社会からあぶれた「はみ出し者」や「社会の屑《くず》」だったのであろうか。

傭兵を集める手段は、いうまでもなく募兵である。通常の募兵は、募兵将校が古参兵や鼓手、旗手などを引き連れて、村や町をわたり歩いておこなわれた。とくに好まれたのは、人のたくさん集まる年の市やお祭りの時期である。ドラムロールを高く鳴り響かせ、募兵所を設営し、志願兵の募集を呼びかける、といった光景が近世ヨーロッパのあちこちで見られたはずである。こうした募兵にたいしては、十七世紀前半までのあいだ、多くの人がこれに応じていた。例えば、十六世紀の年代記作者セバスティアン・フランク▲は、「募兵官のところに殺到する男たちの数は、盛夏の蝿の数にも劣らない」と述べている。また、三十年戦争期の史料には「一二〇〇人の兵士を募兵すると告げれば、一五〇〇人の男たちがくると考えておかねばならない」とあり、軍隊で必要とする以上の人びとが、募兵に応じていたことがわかる。十六世紀から三十年戦争終結までの時期においては、のちの常備軍の時代とは異なって、兵士の供給が需要を

▼**フランク**（一四九九頃〜一五四三）ドイツの宗教思想家。ルター派の牧師だったが、いっさいの教会制度に反対するようになり、ルター派から追放された。その後バーゼルで印刷業を興し、自己の考えを公刊した。

近世イギリスにおける人口動態　（100人台で四捨五入）

年	人　口	それ以前の30年間に対する変化率(%)	年	人　口	それ以前の30年間に対する変化率(%)
1541	2,774,000	—	1721	5,350,000	8
1571	3,271,000	18	1751	5,722,000	7
1601	4,110,000	26	1781	7,042,000	23
1631	4,893,000	19	1811	9,886,000	40
1661	5,141,000	5	1841	14,970,000	51
1691	4,950,000	-4	1871	21,501,000	44

〔出典〕P・ラスレット『われら失いし世界』p.146

上回っていたのである。

募兵に殺到した原因は、十五世紀後半から少なくとも十六世紀後半まで、地域によっては十七世紀前半まで続いた、ヨーロッパにおける急速な人口増加にあった。例えば、十六世紀半ばから十七世紀半ばまでのイングランドでは、人口が二七七万人から五一四万人へとほぼ倍増しているし、フランスでも一四五〇年代から一五六〇、七〇年ころまでのあいだに人口の増加が認められている。ドイツでは、三十年戦争の被害の少なかった西北ドイツにかんしては、十七世紀の前半まで人口増加が確認されている。重要なのは、こうした急速な人口増加の結果、大量の貧しい下層民が生み出され、深刻な社会問題が生じたことである。都市では、労働市場が絶望的なまでに飽和状態となり、徒弟や職人たちの実質賃金は下落していった。農村では、出稼ぎなどの副業をしなければ生活できないほど貧しい農民が大量にあらわれる一方で、農業経済そのものはすでに、ずっと以前から成長の限界に達していた。傭兵の供給源となったのは、これらの貧民層だったのである。天候が悪化して凶作となり、食糧価格があがると、それは真っ先に彼ら貧民層の生活を直撃した。このような状態にあれば、傭兵になることが生活を安定させるために魅力になったに違いない。実際、種まきや収穫といった農繁期になると、募兵に応ずる者は少なくなった。それゆえ募兵将校は、少しでも安く兵を雇うために、募兵をおこなう適切な時期と募兵地の状況とを十分に計算したのである。

　傭兵になったのは決して悪党だけではない。むしろ、人口増加によって生じたこれらの貧民層のほうが、傭兵の主たる供給源だったのである。「民の苦難がわが王国を救う」とは、スペイン継承戦争▲時にフランス軍司令官ヴィラール▲が述べた言葉として知られるが、同じことは三十年戦争期の傭兵についても該当していたのである。

「渡り人」

　それでは、三十年戦争期の傭兵がこれまで、おしなべて「社会の屑」であるかのごとくイメージされてきたのはなぜであろうか。その原因の一つは、当時の史料にあらわれる「渡り人」という言葉にある。十六・十七世紀の軍隊を構成した兵士たちは、上述のように下層の貧民であり、それは主として農村や都

▼スペイン継承戦争（一七〇一〜一三年）　スペイン王カルロス二世の継承をめぐり、フランスとオーストリア・イギリス・オランダの三国とのあいだでおこなわれた戦争。ユトレヒト条約によりブルボン家のスペイン王位継承は承認されたが、フランスは重要な海外植民地をイギリスに奪われた。

▼ヴィラール（一六五三〜一七三四）　フランスの軍人、外交官。スペイン継承戦争最大の戦いといわれるドナンの戦いで、サヴォイア公オイゲンの率いる同盟軍を破った。その後外交官としてオーストリアとラシュタット条約の締結（一七一四年）に尽力した。

市に定住しない、あるいはできない人びとであった。移動して生計を立てるこれらの人びとは、当時の言葉で「渡り人」と呼ばれた。したがってこの言葉は、十七世紀においては、流浪生活をする人、遍歴や出稼ぎをして仕事する人全体を指し示したものであって、経済的な事情で土地や市民権を取得できない人たちもこれに含まれていた。ところが十九世紀になると、この言葉の意味に変化が生ずる。「ならず者」や「犯罪者」といった意味あいがつけ加わるようになり、否定的な意味を強くおびるようになったのである。そしてこのとき以来、十七世紀の史料にでてくる「渡り人」たちもまた、さしたる吟味《ぎんみ》をされることなく、同じように否定的意味あいで解釈されるようになった。三十年戦争時代の傭兵がことごとく乱暴者や犯罪者だったかのような印象は、こうしてつくりだされたものなのである。

十九世紀的価値観の呪縛《じゅばく》を離れて、当時の兵士の社会的出自をより具体的に述べるとつぎのようになる。まず最初に考えられるのは、あらゆる生活基盤を奪われた零細《れいさい》農民たちである。彼らは、軍による放火や掠奪によっていっさいの財産を失うこともあれば、自らつくった借金が原因で村を去ることもあった。

▼ツンフト　同職の手工業者による組合。中世以来、手工業者にはツンフト加入が強制され、非加入者には営業を禁止するなどの規制がおこなわれた。徒弟制度の確立後は親方資格やツンフト加入の制限もなされるようになり、ツンフトは排他的で独占的な性格を強めた。

いずれにしても、生活基盤を失った彼らにとって、多くの場合、軍隊にはいる以外に選択肢はなかったはずである。農家の次男や三男に相続権を認めない所では、彼らがしばしば募兵に応じた。また、暇を出された奉公人や下僕も入隊したことだろう。都市においては、硬直したツンフト▲制度によって仕事を奪われた職人たちが連隊簿に記名した。市壁の前に住む人びとは、都市の下層民を形成していたのだが、攻囲戦になると真っ先に彼らの生活基盤が破壊され、経済的に零落《れいらく》せざるをえなかった。彼らが入隊の道を選んだ可能性も高かったであろう。

また、貨幣の悪鋳は固定収入をもつ人びとの生活を苦しくした。村の学校教師などが比較的募兵に応じたのも、そのためである。彼らには知識があるため、例えば連隊書記官といった役職にすぐに抜擢《ばってき》された。必要な学費の給付がとだえた遍歴学生たちも、下士官や下級将校の地位を占めることが多かった。彼らの多くは夏のあいだ従軍し、冬にはいると中隊を離れた。この時代、冬にはふつう戦闘がなかったので、彼らはこの期間、夏にえた戦利品を学費にして勉学を続けたのである。これらすべての人びとが十七世紀の「渡り人」であった。

彼らはこれまで、一括して「社会の屑」とみなされつづけたのであるが、決して無法者やあぶれ者ではなかったことは、すでに十分明らかであろう。

古参兵

募兵に応じた「渡り人」たちは、入隊して新兵となったわけだが、彼ら新兵と長年軍務を続けてきた古参兵とでは、同じ兵士であっても雲泥の差があった。一般に戦争が手職と考えられていた近世においては、兵士としての価値はもっぱら経験に求められた。それゆえ、新兵が軍事的に役に立つことはなきに等しかったのである。これにたいして、歴戦の古参兵は、どの軍隊でも渇望されるほど貴重な人材であり、中隊長は彼らの確保に全力をつくした。戦いの勝敗を左右するのは、彼らといっても過言ではないほどであった。グリンメルスハウゼンの文章で「古狐」と呼ばれた兵士たちが、この古参兵である。たしかに彼らは、新兵とともに同じ兵士身分に属したが、比喩にもあったように、現実には新兵よりも上の枝に、つまり上等兵として彼らをまとめる立場にあった。

古参兵の軍事的威力は絶大であった。例えば、一六四〇年代のイギリスの内戦では、モントロウズ侯の率いる三〇〇〇人にも満たない古参兵部隊が、スコットランド軍をあっけなく撃破している。スコットランド軍は、兵力数と装備においてモントロウズ軍をはるかにまさっていたものの、六度の戦闘にことごとく敗れ、全軍が粉砕されている。

古参兵はまた、部隊の維持にあたっても中核的な存在になった。彼らはしばしば新兵の教練係になり、編入された捕虜を自軍に統合し、軍紀を守らせ、新兵と将校とのパイプ役になった。戦闘にさいしても、パニックや逃亡にほとんど動じることなく、新兵の模範となって部隊の秩序を維持した。古参兵はまさしく、部隊の求心力となり、軍事力の質を高める酵素のような役割をはたしたのである。所属する軍隊を彼らがかえることはまれであった。かりに捕虜になったとしても、そのときには中隊長によって真っ先に買いもどされた。フランス軍と皇帝軍の研究によれば、四〇年以上勤務した古参兵の大半は、自分の所属する部隊をまったく離れておらず、かわったとしても二回をこえることはなかったという。さらにフランス軍についていえば、調査した兵士のうち六回以上所属部隊をかえた者は、わずか五・五%であった。古参兵は各国で重要視さ

▼ルイ十四世（一六三八〜一七一五）
フランス王（在位一六四三〜一七一五）。フランス絶対王政最盛期の君主。度重なる対外戦争やヴェルサイユ宮殿の造営によって国威を発揚し、ヨーロッパ全土に絶大な政治的、文化的な影響力を及ぼした。


れ、彼らのほとんどは同じ軍隊で戦いつづけていたのである。

なお、三十年戦争を経験した古参兵たちは、ウェストファリア条約の締結された一六四八年以後になると、ヨーロッパのあらゆる大国で新たに編成される常備軍の中核を形成することになる。一般に、この軍隊の出現によって、あたかもまったく新しいタイプの兵士が成立したかのように思われているが、それはかならずしも正しいとはいえない。十七世紀末のヨーロッパを驚かせたルイ十四世▲の軍隊といえども、その中核はもっぱら、三十年戦争時代の古参兵によって構成されていたからである。傭兵軍の時代と常備軍の時代とでは一見大きく違う印象があるが、連続している部分も多々見出されるのであって、古参兵はそうした連続性の重要な一つなのである。

「渡り人」からなる新兵同様、彼ら古参兵もまた、決して無紀律な荒くれ者などではなかった。むしろ彼らは、傭兵軍に不可欠な「戦いの職人」として、各国の軍隊で重用され、精鋭をなしていたのであって、「社会の屑」とはとてもいいがたい存在だったのである。

輜重隊

軍隊という言葉で想定されるのは、ふつう戦闘員たる将兵だけであろうが、近世の軍隊の場合、それでは誤りである。というのも近世においては、膨大な数の非戦闘員が軍隊につき従い、軍隊社会の不可欠な構成要素となっていたからである。

この非戦闘員の群れ(ドイツ語でTroßという)を表現する適切な日本語は、どうにもみあたらない。一言であらわすには、この一団を構成する人とその役割とが、あまりにも多様なのである。彼らの大半は兵士の妻や子どもたちであった。だがそのほかにも、従軍商人、料理人、手工業者、御者、車力《しゃりき》、家畜番、さらには占い師、護符《ごふ》売り、博徒から墓掘り人夫にいたるまで、極めて雑多な人びとがこれに属していた。彼らの任務もまた多様であった。主たる任務は糧食や武器弾薬の輸送であったため、ここでは、彼らのことをとりあえず「輜重《しちょう》隊《たい》」と呼ぶことにするが、その場合でも、軍需品の運搬はあくまで、彼らのはたしていた役割の一部にすぎなかったことに注意せねばならない。彼らはほかにも、傷病兵の手当をはじめとして、将兵の生活をさまざまな局面において支えていたからである。この非戦闘員の群れは、構成においても役割においても、ふつうに考える輜重隊や輸送隊よりはるかに多様な集団だったのである。

　はたして、どれぐらいの数の輜重隊が将兵に従っていたのであろうか。一般に輜重隊の割合は、三十年戦争の始まったころには全兵力の二〇％弱であったが、戦争が長期化し、拡大した結果、末期には五〇％をこえたといわれる。一六四八年にバイエルン軍のグロンスフェルト▲将軍が選帝侯マクシミリアン一世▲に送った報告によれば、彼が率いた一八万人の兵員のうち、将兵は四万人で、残りの一四万人は女性や子どもに下僕であった。この場合、輜重隊の数は実に全軍の七割以上を占め、戦闘員の三倍以上にもおよんだことになる。

　輜重隊のようすは、当時の木版画から知ることができる。次頁の木版画は十六世紀のものであるが、三十年戦争時代の輜重隊もこれと大差ないと考えてよいだろう。騎馬で先頭を歩いているのは、娼婦取締長という役職の下士官である。名称には「娼婦」取締長とあるが、実際には売春婦にたいしてだけでなく、輜重隊全体の風紀を取り締まるのが彼の任務であった。それゆえこの役職に就いたのは、輜重隊をとりまとめるだけの豊富な経験をもつ、年輩の兵士が多か

▼グロンスフェルト（一五九八～一六六二）　バイエルン軍将軍。三十年戦争の開戦当初は旧教連盟軍の兵士だったが、一六二六年以降は自らの連隊を組織し、四五年には将軍になった。

▼マクシミリアン一世（一五七三～一六五一）　バイエルン侯（在位一五九八～一六五一）、一六二三年以降は選帝侯。旧教連盟を組織してその頭目になるなど、三十年戦争前後のカトリック勢力を代表する名君。国内では絶対主義的統治体制を強化し、対外的にもバイエルンの勢威を著しく高めた。

●——輜重隊の行列

●——グロンスフェルト

●——兵士の夫婦

●──マクシミリアン一世

●──ランツクネヒトとその息子

酒保商人

った。娼婦取締長のうしろをぞろぞろと列をなして歩いているのは、女性と子どもたちである。女性のなかには重い荷物を背負う者もめだつ。彼女たちの歩みはきっと遅かったはずである。行列の中央ややうしろには、馬に乗った負傷兵が描かれており、負傷兵もまた輜重隊とともに移動していたことがわかる。彼の左横にいる女性は、彼に飲み物かなにかを差し出している。頭上に鶏を戴せているということは、彼女が売春婦であることを暗喩している。行列の最後尾をなすのは大きな荷車である。軍隊で必要とされる食糧や武器、戦利品などは、この荷車に積み込まれていた。大きく膨れあがった積荷や、奥のほうに見える何本もの樽は、この人びとの群れが軍需品の補給や修理といった兵站《へいたん》業務を担当していたことを、ありありと示すものである。

輜重隊が運んだ数多くの荷車のなかには、酒保商人と呼ばれる人びとの荷車があった。彼らは、食糧をはじめとした生活物資を兵士に供給する自営の従軍商人で、実のところ近世の軍隊においては、その生命線とでもいうべき兵站を、もっぱら彼らに依存していたのである。彼らは自営の商人であるから、かならずしも一つの陣営にとどまる必要はなかったし、その義務もなかった。この点は、輜重隊のその他の者たちと彼らとのあいだで大きく異なる点である。また彼らは民間商人なのだから、業務上重視したのは物資の安定供給ではなく、自分たちの商売上の利益であった。それゆえ酒保商人は、戦闘に勝利し、戦利品や掠奪品を持ち帰った陣営に群がった。そこでは活発な売り買いが期待できるからである。逆に、商売にならないと判断され、彼らから見放された軍隊は、飢えにさらされ、強盗や掠奪に頼らざるをえなくなった。このように、傭兵軍時代の軍隊においては、兵站を酒保商人に依存したために、物資の供給は極めて不安定にならざるをえなかったのである。この点は、近代軍隊とは大きく異なった傭兵軍の構造的特質ということができる。酒保商人の存在意義はその後うすまるとはいえ、こうした状況は基本的には十九世紀初頭まで続いた。

　兵士の妻たちもまた重要な役割を担っていた。グリンメルスハウゼンは、さまざまな仕事に従事するたくましい彼女たちの姿を描いている。それによると、彼女たちは「縫い物、洗濯、糸紡ぎ、呼び売り、行商、またはかっぱらい」をして家計を支えていた。『阿呆物語』では述べられていないが、ほかにも兵士の妻たちは、夫が負傷したときの救護や、子どもの養育、掠奪の補助などをし

女旗手

輜重隊の少年

▼モンテクッコリ（一六〇九～八〇）オーストリア軍将軍。皇帝軍の士官として軍功をかさね、とくにザンクト・ゴットハルトの戦いではオスマン軍に大打撃を与えて名を馳せた。十七世紀のもっとも優れた軍事理論家としても有名。

た。研究によれば、彼女たちの多くは傭兵の子どもであり、そうでない場合でも父親の職業は下層民のそれであった。輜重隊で育った傭兵の子どもたちは、多くの場合、少年なら兵士に、少女ならその妻になったということができよう。ちなみに、兵士の妻子だけでなく、輜重隊のすべての人員は連隊長の軍事裁判権に服していた。輜重隊は法的にもれっきとした軍隊の一員だったのである。

同時代の軍事理論家にとって、輜重隊は軍隊の作戦行動を妨げる厄介物とみなされていた。皇帝軍の将軍モンテクッコリ▲は、一六七〇年の論文のなかで、輜重隊を「障害物」といってはばからず、これを酷評している。しかし、彼は輜重隊そのものを廃止するよう主張したことはなかった。当時の軍隊が輜重隊なしには成り立ちえないことを、もちろん彼は十分に知っていたからである。

身分制社会と軍隊

ところで、将校、兵士、輜重隊といった軍隊社会の構成員の相互関係に注目すると、そこには一つの特徴を見出すことができる。それは、身分制社会と呼ばれる当時の社会秩序が、軍隊にも反映していたということである。上述のように、その多くが貴族身分であった将校の世界は、平民身分が多数を占める兵士とは厳格に区分され、両者のあいだには大きな落差があった。これと同じ関係は、貴族からなる騎兵隊と大多数が平民出身者の歩兵隊とのあいだにも存在した。野営の場合両者は、身分の違いを配慮して、ある程度距離をおいて設営するのがふつうだったのである。また同じ兵士のなかでも、古参兵が新兵より上に位置していたことは、すでに述べたとおりである。新兵はまた、太鼓持ちの少年より上の地位にあった。ましてや、輜重隊と戦闘員たちとのあいだには、厳然とした社会的な距離が存在していた。これらのことからわかるように、三十年戦争期の傭兵軍における上下秩序は、社会の身分的序列がほぼそのまま横滑りしたものであった。序列を重んずる身分制社会のあり方が、軍隊の内部構造をも規定していたのである。

身分制社会との関わりでいえば、軍隊社会が保護共同体として機能したことも指摘しておかねばならないだろう。中・近世ヨーロッパの身分制社会では、さまざまな種類の共同体が人びとの生活を規定していた。その共同体とは、家や村落、都市といった地縁的なものだけでなく、例えば貴族身分やツンフトな

横たわる死者（同時代人ウルリヒ・フランクの銅版画）

どのような身分や職能団体の場合もあった。いずれにしても、今日の国家のレベルに相応する公共組織はいまだ未成熟であり、それゆえ人びとの生活は、これらの共同体に所属することによってはじめて保障されたのである。これらの共同体との結びつきを失うことは、同時に自分を保護する後ろ盾を失うことにもなった。とくに三十年戦争の時代には、それは事実上死を意味した。こうしたなかにあって軍隊社会は、社会的結合を失った人びとにたいして、かつての共同体にかわる保護の機能を提供した。すなわち、生活基盤を奪われ、これまで属していた都市や農村の保護下にいられなくなった人びとは、失われた安全の代償を、兵士としての生活や輜重隊に求めたのである。三十年戦争期に人びとが軍隊へはいるもっとも大きな魅力になったのは、この保護機能であったと思われる。

戦争と兵員供給とのあいだには、一つの悪循環があった。戦禍によって生活基盤と保護とを失った人びとが軍隊に安全を求め、兵士になった彼らが新たな戦禍を招くと、それによって居場所を失った人びとがさらに新たな兵士となる、という悲しい循環が、三十年戦争の時代には成立していたのである。この時期の傭兵は「他人を殺すことによって生活をする」悪党ばかりではない。戦争による悪循環によって、傭兵が繰り返し再生産されていたのである。そのように考えると、軍事史家クレーナーの指摘するように、三十年戦争の傭兵は「戦争の実行者であっただけでなく、犠牲者でもあった」といえるかもしれない。

②—傭兵たちの生活世界

兵士の共同体

傭兵に志願した人びとは、査閲《さえつ》を受け、軍旗に忠誠を誓うと、晴れて軍隊社会の一員になった。さて、彼らはその後、そこでどのような生活を送ったのだろうか。『阿呆物語』によれば、兵士は農民よりも「ずっとひどい苦労と労苦と困苦に堪え」ねばならず、「火つけ強盗で」日を送ったとされるが、はたして実態もそのとおりだったのだろうか。また彼らの生活には、当時の軍隊の特質がどれほど反映されていたのだろうか。本章では、傭兵の生活を規定したと思われる要素をいくつか取り上げ、その検証をつうじて、三十年戦争期の軍隊社会の諸特徴を考察することにしよう。

まず最初に指摘できるのは、三十年戦争時代の傭兵軍が、軍隊と聞いてふつうに想像するような、命令服従関係の徹底された統一的な軍隊ではなかったということである。上意下達のタテの関係はもちろん厳然として存在したが、同時にそこには、兵士の共同体ともいうべきヨコのつながりもあった。傭兵の自

ランツクネヒトの華美な装束

由裁量の範囲は、のちの時代の兵士に比べると広かったのである。

その好例は彼らの衣服であろう。三十年戦争の末期には若干統一的になったものの、傭兵軍時代の軍隊には軍服がまったく存在しなかった。傭兵たちは思い思いの衣装を身にまとっていたのである。当時の軍学書には、兵士が身につけるべきものとして「頑丈な靴、分厚い靴下、丈夫なズボン、粗製のシャツ二枚、水牛の皮でできた胴着、雨よけのマント、鍔《つば》の広い帽子」があげられていたが、実際には、傭兵たちは華美な飾り立てを好んだ。そのため、胴着の色はけばけばしくなり、レースの襟には贅《ぜい》が凝らされ、帽子には羽根飾りがついた。派手な出立ち、贅沢な衣装は、傭兵であることのあかしでもあったのである。ここで注目されるのは、傭兵たちが衣装を自費でまかなっていたことである。のちの時代の兵士に軍服が支給されたことを思えば、この時代の傭兵には独立自己負担とでも呼ぶべき原則があり、それが彼らの生活を特徴づけていたということができる。傭兵の色とりどりの衣装は、十六世紀以来存在したこの原則の象徴なのである。

また傭兵軍時代の軍隊では、不満を鬱積《うっせき》させた兵士たちが、しばしば集団で

▼ヴァイマル公ベルンハルト（一六〇四～三九）　プロテスタント軍将軍。ザクセン・ヴァイマル公の十一男で、立身がみこめないことから軍人の道を選ぶ。天才的な指揮官で、リュッツェンの戦いで戦死したグスタフ・アドルフにかわって、スウェーデン軍を指揮した。

意思表示の行動にでることがあった。それは暴動やストライキなどのかたちであらわれ、ひとたび生じれば軍の指揮系統は麻痺状態に陥った。兵士を不満にさせることがもっとも多かったのは、俸給の未払いである。自弁の原則ゆえ、俸給の未払いは彼らの生活基盤を根底からゆるがしたのである。集団暴動には、兵士たちの共同体意識をはっきりとみてとることができる。例えば、かつてヴァイマル公ベルンハルト▲の麾下《きか》にあった傭兵たちは、自分たちの編入先であるフランス軍の司令官を悩ます暴動を繰り返したが、一六四七年には既存の指揮官を追い出し、自分たちで後任を選んでいる。また、一六三〇年のヴァレンシュタインの解任以後、糧食がまともに供給されなかった皇帝軍でも、傭兵たちが徒党を組んで自分たちの指揮官を擁立した。ここにみられるように、彼らの連帯感は命令服従関係をくつがえすほど強力なものだったのである。

　いずれの例も、三十年戦争期の軍隊が十六世紀のランツクネヒト時代の名残をまだ残していたことを物語っている。周知のように、ランツクネヒトの軍隊では、衣装はおろか武器や食糧もすべて自弁することが当然であったし、兵士たちは集会を開いて自治をおこない、連隊の運営にたいして共同決定権すらもっていた。これに比べると、三十年戦争期の軍隊は往時の強固な兵士共同体とはもはやいえない。だが、十六世紀から続く伝統は決して消滅したわけではなく、傭兵の衣装や彼らの集団暴動といった領域では、依然として残っていたのである。

多様な出身地域

「国籍」という観点からみると、当時の傭兵軍は実にさまざまな国の出身者から構成されていたといえる。例えば、一六四四年に創設されたバイエルン軍歩兵連隊は、ドイツ人五三四名、イタリア人二一八名、ポーランド人五四名、スロヴェニア人五一名、ギリシア人二六名、トルコ人一四名など、一七の異なる国の出身者で編成されていた。近世の軍隊は、そもそも創設の時点から大なり小なり「多国籍軍」の様相を呈していたのである。例外なのは、一六三〇年の参戦当初のスウェーデン軍ぐらいであろう。この国には割当義務制度が存在したため、軍隊を構成したのはもっぱらスウェーデン人とフィンランド人(当時フィンランドはスウェーデンの一部である)であった。だが、このスウェーデ

▼**傭兵の「国籍」**　近世ヨーロッパでは「国民国家」がまだ未成熟であり、形成途上であった。したがって、この時代には近代以降のような「国籍」は想定できないのであって、ここで「スペイン」や「ドイツ」という場合も、それは現在のような「国民国家」を意味しない。

▼**割当義務制度**　近世スウェーデンの兵役義務制度。一教区当たり男子の有資格者一〇名につき一人の兵士を出し、教区がその兵士の扶養、装備、食費を負担するというもの。貴族や聖職者などは徴兵を免除されており、兵士の大半は農民であった。

ン軍も含めて、どの軍隊でも兵士の構成は、各地を転戦するうちに大幅に変わっていった。というのも、この時代の戦争では、敗軍の捕虜があたり前のように勝利した軍隊に編入されていたからである。捕虜の編入は、部隊を率いる将校たちにとって、消耗した兵力を迅速かつ安価に再生させるための最良の方法であった。またとらえられた兵士にとっても、もし捕虜になることを拒めば、それは武器や甲冑といった生活基盤をすべて失うことになったため、敵軍への編入をためらわなかった。傭兵軍が出身地域にかんして著しく雑多な構成になったのは、こうした捕虜の編入が広くおこなわれた結果でもあったのである。当初は国民軍の様相を呈していたスウェーデン軍も同様で、この軍隊もまた、三十年戦争でドイツを転戦するうちに、自国の出身ではない捕虜を大量に混入させたのであった。

出身地域の違う傭兵たちの共存は、決して容易ではなかった。一例をあげると、シュマルカルデン戦争▲時の皇帝軍では、ドイツ傭兵とスペイン傭兵とのあいだで流血沙汰の騒ぎが生じている。きっかけは、輜重隊《しちょうたい》のドイツ人少年とスペイン人少年との些細な喧嘩であったが、それはやがて大人もまじえた大乱闘

▼**シュマルカルデン戦争**（一五四六〜四七年）　皇帝カール五世とプロテスタント諸侯（一五三〇年にシュマルカルデン同盟を結成）との戦い。皇帝側の勝利に終わり、同盟は瓦解した。

に発展し、鉄砲の撃ちあいにさえなった。結局この争いでは、一八人のドイツ傭兵と七〇人ものスペイン傭兵が死亡し、その調停には皇帝が乗り出さねばならないほどであった。この事件はかならずしも例外的なものではない。「国籍」をめぐる傭兵たちの争いは、皇帝軍にかぎらずどの軍隊でも数多く生じていたからである。しかもそれは、ひとたび始まると流血騒ぎになるのがつねであった。それゆえ、兵力の自損を防ぐためにも、これに有効な防止策を講ずることが君主の重大な懸案事項になっていたのである。

君主はまず、軍隊に多くの命令や禁令をくだしてこれに対処した。非常に多いのは、喧嘩《けんか》や議論になったときに兵士が「国籍」を持ち出すことを禁止する命令である。また、サイコロやカード遊びを同じ「国籍」の傭兵のあいだでのみ許可する規定も頻繁《ひんぱん》にみられる。他方、より実践的な対策としては、部隊を傭兵の「国籍」別に分けて編成するという方法があった。いわば出身地ごとの棲み分けである。一六四七年に皇帝軍将軍に任命されたメランダー▲は、皇帝にそのような提言をしている。それによれば、今後の皇帝軍は連隊を出身地域別に分けて、外国人部隊の編成を外国人将校に委ねるべきとされた。そうすれば、

サイコロ賭博をするランツクネヒト

▼メランダー（一五八五〜一六四八）　皇帝軍将軍。一介の傭兵の子どもでありながら、武功によって将軍にまで出世した「幸運な兵士」の一人。カルヴァン派だったため当初はヘッセン・カッセル軍に身をおいたが、その後旧教連盟軍へ転身し皇帝軍将軍に昇任した。

兵士たちは同郷人や友人、親戚たちと一緒に戦うことになり、彼らを見殺しにできない気持ちから、兵士の職務をまっとうし功名心も強まるというのである。この方法はすでに各国で採用されており、ある程度の効果をあげていたようである。

宗派と軍隊

宗教改革以降、ヨーロッパ全土で宗派対立が厳しさをましたなかで、軍隊はカトリックとプロテスタントの共存する数少ない空間であった。とりわけ十六世紀の傭兵軍では、宗派の相違はほとんど重要でなかったといわれている。例えば、入隊時の宣誓にさいして宗派が問われることはなく、あらゆる宗派の傭兵が入隊できた。カトリックの軍隊にプロテスタントの聖職者が駐留したり、その逆の場合があったとしても、それすら問題にならなかったのである。このような宗派的不統一を君主が排除しようとした形跡はない。宗派問題における君主の自由放任的な態度が、いわば十六世紀の特徴である。

十七世紀前半になると、様相は若干異なってくる。君主がこれまでよりも積

▼**旧教連盟**　神聖ローマ帝国ではアウクスブルクの宗教和議以後も新旧両宗派の対立が続き、一六〇八年にはプロテスタント勢力が新教同盟を結成した。これに対抗するために翌年バイエルン侯がカトリック陣営をまとめ、旧教連盟が結成された。

極的に、軍隊の宗派統一を目論むようになるのである。旧教連盟軍▲にプロテスタント牧師がとどまるといったことは、この時代においてはもはや考えられなくなっていた。十七世紀前半は、アウクスブルクの宗教和議▲にみられる宗派共存の精神が後退し、宗派対立が三十年戦争という直接的なかたちであらわれている時期である。対立意識はいきおい先鋭化せざるをえず、それは当然のことながら軍隊にも反映されたのである。

　宗派とは直接関係はないが、三十年戦争期に「神の戦い、神の勝利」という宗教的戦争観が流布したことについてもふれておく必要があるだろう。この考え方によれば、「戦いの勝利は神によって、たった一人の敬虔な将師だけに授けられる」とされ、将師たる君主たちに広く受容された。戦いに勝利するためには、軍事力の増強だけではなく、熱心な信仰もまた不可欠だと信じられたのである。一六三〇年にスウェーデン軍が北ドイツの海岸へ上陸したさい、国王グスタフ・アドルフ▲が祈りを捧げたのは、この観念からなされたと考えられている。「より多く祈らば、より多く勝利す。懸命なる祈りは、これあらかた敵に勝利することとなり」という彼の言葉も、同じ文脈のものである。君主たちは

▼アウクスブルクの宗教和議　神聖ローマ帝国の宗派問題にかんする取決め(一五五五年)。ルター派が公認されてカトリックと同権となり、また領民の信仰は領主のそれに従うという原則が確認された。もとより、この和議によっても帝国内の宗派対立は根本的な解決には至らなかった。

▼グスタフ・アドルフ(一五九四〜一六三二)　スウェーデン王(在位一六一一〜三二)。英明かつ剛毅な名君として知られ、「北方の獅子」と称される。三十年戦争ではブライテンフェルトの戦いに勝利し、プロテスタント軍の圧倒的劣勢だった戦況に決定的な転機を与えた。その後、リュッツェンの戦いでは宿敵ヴァレンシュタインに勝利したが、自身は壮烈な戦死を遂げた。

ドイツ上陸時のグスタフ・アドルフの祈り

▼宗派統一化　ドイツの歴史家H・シリングが提唱する概念で、宗教改革の時代を中心に近世における教会(宗派)や社会、国家の包括的な変容過程を説明しようとする理論。

この観念の解釈をさらに広げた。神の勝利をえるためには、自分自身の信仰の篤《あつ》さだけでなく、戦争の道具たる軍隊も神の御心にかなっていなければならないと考えたのである。こうして君主は、以前より積極的に軍隊の紀律化を試みるようになった。十七世紀前半には、兵士の日常を紀律する規定、例えば酒宴や賭博、呪いを禁止する規定がことさら強調されるようになるのである。ここには紀律化をはかる君主の動向が反映されているということができよう。

しかし、これらの君主の意図はかならずしも貫徹したとはいえない。三十年戦争期においては、宗派的理想よりも戦争の現実的要請のほうが優先されたからである。例えば、同じ宗派の新兵と異なる宗派の古参兵とでは、必要とされたのはつねに後者であった。また捕虜として獲得した他宗派の兵士を解雇すれば、敵軍の兵力をふたたび増大させかねなかった。さらにまた、宗派の違いを理由に連隊長を解雇してしまうと、彼と強く結びついていた兵士たちが流出し、連隊そのものを解体させる恐れがあった。これらの現実を打開するだけの力を、十七世紀前半の君主はまだもっていなかったのである。十六世紀半ばからの約一〇〇年は「宗派統一化▲の時代」と呼ばれ、この時期の君主は自国の臣民にたいして露骨な宗教的厳格主義を示し、彼らのあらゆる生活領域へ介入したといわれるが、これと同じ厳格主義を軍隊に向けることはできなかったのである。軍隊における宗派問題に君主が本格的に介入するようになるには、十七世紀後半を待たねばならない。

近世の軍隊社会は、ある意味で非常に異質な人びとが寄り集まる共同体であった。とくにそれは、出身地域と宗派において顕著にあらわれていたといえる。傭兵たちの言葉はたがいにつうじないこともしばしばであったし、彼らのなかにはカトリックとプロテスタントのどちらの信徒もいた。近世の軍隊はこのような多様性を許す共同体であった。同時代のほかの社会集団や近代の軍隊と比較したとき、この多様性の共存こそ近世軍隊の大きな特徴ということができる。

俗信・魔女裁判

兵士たちの生活はつねに死と隣合せであったため、近世の軍隊では俗信がとりわけ広く流布していた。兵士たちの最大の関心は、やはりなんといっても不死身になることであった。それゆえ彼らは、はるか昔から伝わる言い伝えを守

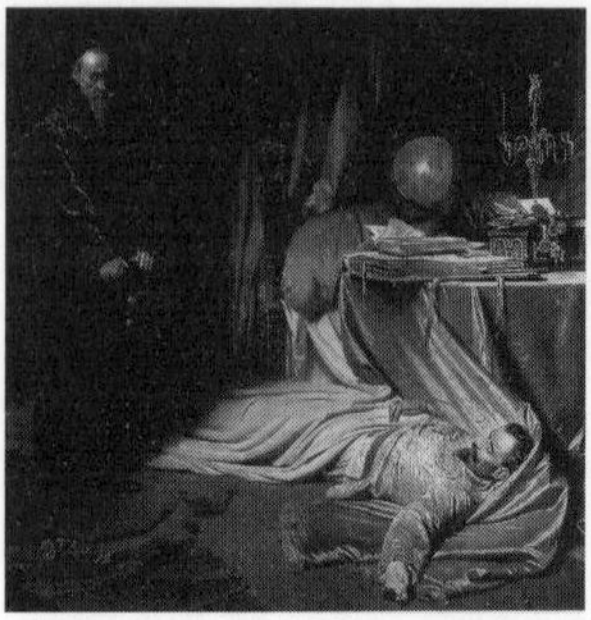
ヴァレンシュタインの遺体のかたわらの占星術師ゼニ

って、不死身の体を手にいれようと努めていた。近世になり、鉄砲や大砲といった新しい兵器が重用されるようになると、火薬にまつわる新たな俗信がこれに加わる。その製造は、十七世紀の兵士たちにとってみれば神秘のヴェールに包まれた技術であって、いわば魔法だったからである。それゆえ、火薬を担当する下士官や砲術手は、百発百中するという魔弾の鋳造術に練達していると信じられた。当然のことながら、兵士たち自身もこの魔法の秘薬と日常的にかかわらねばならない。それは、野営地での彼らの生活が極めて不安定だったこととあいまって、心理的不安を増幅させ、軍隊社会のいたる所で悪魔や魔女を出現させることになったのである。「弾丸をとおさない」と噂された兵士や将校は、悪魔と結託していると考えられた。将帥たちも同様で、スウェーデン王グスタフ・アドルフは魔法の剣をもっていると噂され、ティリー将軍は「不死身」とみなされていた。イタリア人占星術師を側近にしていたヴァレンシュタインは、自身が魔術的世界を信じていた将軍として極めて有名である。

俗信のなかでもとくに興味深いのは、古参兵が魔術に精通しているとみなされていたことである。それは、戦闘や飢餓、疫病などで多くの者が死んでゆくなかにあって、生き残っていること自体が古参兵を神秘的な存在にさせ、彼らの魔法の信憑性《しんぴょうせい》を高めたからであった。兵士たちは、悪魔よけのコインや魔法のパンをこぞって古参兵から購入した。周囲の兵士たちは古参兵を、生き延びるための保証人と思っていたのである。このように、心理的な次元においても古参兵が兵士たちを統合する中心的な役割をはたしていたことは、注目に値しよう。

軍隊ではもちろん魔女裁判もおこなわれた。魔女にされることが多かったのは、輜重隊のなかで特別な治癒力があると噂された女たちである。彼女たちが傷病兵の看護や動物の世話に失敗すると、すぐさま魔女の疑いをかけられた。魔女裁判としては、一六四四年にシュヴェービッシュ・ハルでおこなわれたシユポルク連隊のものが比較的有名である。魔女と疑われた女たちは、全裸にされ、手足を十字に縛られたうえ、綱で固定され湯のなかへ放り込まれた。これは、魔女であるかを確かめるための審判である。女が水のなかに沈めば無実であり、水に浮くと魔女の疑いが確認された。多くの野次馬が見物するなか、審判は三回繰り返され、結果的に魔女と断定された女は、その後拷問によって自白を強要され、斬首され、燃やされたのであった。

三十年戦争のおこなわれた十七世紀前半といえば、一般に近代科学技術の黎明期とみなされるけれども、他方では、中世から続く俗信や俗説がいまだ支配的な時代であった。いやむしろこの時代は、こうした俗信にもとづいて物事を判断することのほうがふつうの時代である。軍隊社会は、その縮図のような場所だったかもしれない。

掠奪の情景

三十年戦争では、傭兵による掠奪が猖獗《しょうけつ》を極めた。だがそれを、いつの世にもある出来事としてかたづけたり、たんなる戦争の付随物とみなすだけでは不十分である。なぜなら、この時代の掠奪には当時の社会や軍隊の特質を理解するための、極めて重要な問題が含まれているからである。以下ではこの点について考察してゆくが、その前にまず、掠奪の情景がどのようなものであったかを、同時代の史料にそくして具体的に描いておこう。

傭兵による掠奪は、往々にして放火や破壊、強姦などをともない、農村や都市のいたる所で乱暴狼藉《ろうぜき》のかぎりがつくされたといわれる。同時代人の画家カロ▲は、このような掠奪のむごさ、残忍さを銅版画に描き、後世に伝えている。『戦争の惨禍《さんか》』と題された彼の有名な作品集(一六三三年)は、三十年戦争の殺伐とした雰囲気を鮮明に描いたものとして有名である。またつぎに引用するグリンメルスハウゼンの叙述は、まるでカロの絵を解説するような文章であるが、掠奪の描写としてこれまた大変に有名で、しばしば引用される史料である。

何頭もの家畜を刺し殺し、それを煮たり焼いたりする兵隊があるかと思うと、一階から二階を風のように駆けめぐって、便所のなかまで探しまわり、コルキスの金羊皮でも探し出そうとするような兵隊もあった。一部の兵隊は布地や衣類やさまざまな家具を包みこんで大きな包みをつくり、どこかで古物市でもひらこうとするつもりに見えた。失敬して行くほどのものでないと考えたものは、たたき壊し、ばらばらにした。……また、これからは常夏がつづくとでもいうように、ストーブと窓をたたき壊す兵隊もあった。銅の器物や錫の器物を打ち砕いて、折れ曲がった器物を包みこむ者もあった。乾燥した薪が中庭に山のように積んであるのに、寝台やテーブル

▼**カロ**(一五九二〜一六三五) フランスの版画家。イタリアで版画技術を学ぶ。写実的な手法やかたいニスを用いた新しいエッチング法で知られ、極めて多数の版画を描いた。「フランス版画の父」ともいわれる。

や椅子やベンチを燃やす者もあった。焼き肉ばかり食うつもりなのか、この家で食事をするのはこれで最初で最後だからというのか、とにかく最期には鍋と皿が一つのこらず割られてしまった。……下男は手足を縛られて地面にころがされ、口へ木片を立てられて口をふさがらなくされ、臭い水《みず》肥《ごえ》を乳搾りの桶から口へ注がれた。……捕らえてきた百姓の一人などは、まだなんにも白状しないうちからパン焼き窯の中へ放りこまれ、火をつけられようとしていた。他の一人の百姓は頭のまわりに綱を巻きつけられ、その綱を棒切れで絞られ、口や鼻や耳から血が流れ出た。……連れてこられた女や下婢や娘がどうされたかは、兵隊どもが私にそれを見せようとしなかったから、私にもよくわからない。しかし、あちらの隅やこちらの隅から悲鳴がきこえたことは、今もよく覚えている。(『阿呆物語』)

この文章は例外的に残酷なものといいたいところだが、残念ながら、三十年戦争にかんする史料や歴史書で、同じような凄惨《せいさん》な光景を伝えるものは枚挙にいとまない。例えば歴史家のプレティヒャは、一六三一年に起こった有名な「マクデブルクの惨劇」を「卑劣と狂気の見本」と呼んでいる。プロテスタン

●――カロ『戦争の惨禍』のうち「農家での掠奪」

●――殺害と掠奪（同時代人ウルリヒ・フランクの銅版画）

●――マクデブルク攻城戦

トの精神的中心とされた都市マクデブルクは、この年の五月二十日、ティリー率いる皇帝軍の激しい攻撃と掠奪に晒《さら》された。街は三日間燃えつづけ、「一五〇〇軒の家と、大部分の公共建築物、それに六つの教会が焼け落ちた」。さらに「三万の住民のうち生き残ったのはわずかに五〇〇〇人」で、ティリーは「たくさんの死体をエルベ川に投げ込ませた」。マクデブルクはこの掠奪によって壊滅し、その報は恐ろしい衝撃とともに全ヨーロッパに伝わったという。

中・近世ヨーロッパの習俗と掠奪

こうした情景を描けばだれしも、金品目当の傭兵からなる当時の軍制を批判するであろうし、当時のすさんだ世相や、戦争の悲惨を嘆き悲しむことであろう。だがその前に、極めて重要な前提として、中・近世のヨーロッパ社会では、戦時の掠奪が広く合法的行為とみなされていたことに注意せねばならない。山内進氏の『掠奪の法観念史』は、この点について数多くのことを教えてくれる。例えば、都市にたいする掠奪についていえば、降伏勧告が都市によって受け入れられた場合の掠奪は許されなかったが、それが拒否され、都市側がさらに抗戦した場合には、それは都市の犯した「集団犯罪」とみなされた。掠奪は、そのような都市にたいする軍の処罰として理解されていたのである。マクデブルクの場合もじつはこれに相当したと考えられている。このように、中・近世のヨーロッパには今日とは異なる価値観や習俗が存在していたことを、われわれは掠奪の問題をつうじて知ることができるのである。ここではさらに、同書のうちでとくに重要と思われる三つの論点を、(1)経済活動としての戦争、(2)フェーデの手段としての掠奪、(3)「敵」の観念の順にまとめておこう。

そもそもヨーロッパ世界では、古代ギリシア以来、戦争そのものがある種の経済的行為であった。極端ないい方をすれば、戦争は、戦闘という労働によって戦利品という利益を獲得する経済活動だったのである。経済活動が武力とは無縁であり、生産を拡大して流通を促進することが豊かさにつながると考えるのは、近代の発想である。それ以前の社会ではそうではなかった。交通手段が未発達で、人やものの往来に大きな困難がともなう時代にあっては、戦利品を奪うことは、富をもっとも確実にふやす方法と考えられたのである。このような価値観を基礎にした社会では、戦時の掠奪が不当な行為であるはずがない。

むしろそれは、正当な「営業活動」とでもいうべき活動だったのである。

中世ヨーロッパで広くおこなわれていたフェーデも、掠奪を論じるにあたって極めて重要な要因である。フェーデとは、武装能力のある個人や団体（君主や騎士、都市など）に許された、武力による正当な自力救済のことである。中世ヨーロッパには、刑罰権を独占する公権力が存在せず、自分たちの権利や財産を自力で守ることがあたり前だった。したがって、もし自らの権利が不当に侵され、名誉が傷つけられたときには、武力に訴えてその回復をはかることがまったく当然のこととされた。つまり、フェーデによる武力行使は、今日の裁判訴訟と同じような意味をもつ、合法的な手段だったのである。フェーデはまた損害賠償の性格ももっていたので、破壊行為によって敵に損害を与えることは、自らのこうむった損害にたいする賠償を意味した。すなわち、掠奪や放火はまさしくフェーデの正しい手段であったのであり、ここからも掠奪は正当化されていたのである。

さらに、中・近世ヨーロッパにおいて「敵」という場合には、一般住民もすべてこの言葉のなかに含まれていたことに注意せねばならない。周知のように、

農民を苦しめる兵士（三十年戦争時代のビラ）

今日の戦争で「敵」となるのは相手の戦闘員だけであって、武器をもたない一般住民はこれに含まれない。もし彼らを攻撃すれば、それは国際法違反となる。ところが中・近世ヨーロッパではそうではなかった。なぜなら一般住民は保護者たる君主や領主の所有物とみなされていたからである。中世における保護＝支配関係は、被保護者とその土地が保護者の財産となることであったから、財産的被害を補うことを目的とするフェーデにおいて、彼らは領主の財産として敵になった。それゆえ、傭兵が一般住民にたいしてどれほど残酷にみえる行為をしたとしても、それがフェーデであるならば犯罪ではなかった。それどころか正当な根拠のある行為ですらあったのである。

　中・近世の習俗との関連でいえばさらに、この時代のヨーロッパ社会が現在よりはるかに暴力にあふれていたことを知っておかねばならない。この時代において、子どものしつけや徒弟の修業では、笞《むち》があたり前のように振りおろされていた。また、人びとは些細《ささい》なことから喧嘩《けんか》や決闘をし、それが流血や殺しあいにいたることもしばしばであった。ある程度の暴力は近世社会では日常的であったのである。掠奪を評価するにあたっても、それがこのような社会のなかで生じていたことを考慮せねばならないであろう。

給養の問題

掠奪はさらに、当時の傭兵軍の特質を知る手がかりでもある。なぜなら、その直接的な原因は、軍隊のあり方自体に由来していたからである。今日のような給養（軍隊の存立に必要な物資の供給）の体制が完全に欠如していた当時において、軍隊は自力ですべての物資を調達し、補給せねばならなかった。そこから派生する諸問題が、掠奪と密接に結びついていたのである。

当時の軍隊には、規則的な俸給の支払いができなかった。兵士の俸給が決められた給与日に支払われることはまずなく、数カ月程度の給与未払いはどの軍隊でも常態化していた。なかには、二年近くも支払われなかった事例も存在するほどである。当然のことながら、給与の未払いは兵士の購買力を減少させ、あまりにこの状態が続くと、酒保商人が軍隊から姿を消した。独立自己負担の原則と酒保商人への依存とを特徴とする傭兵軍にとって、商人の退去はまさしく餓死を意味したから、極度の困窮に追い込まれた兵士たちは、生き延びるために、上述の集団暴動や脱走といった挙にでたのである。他方、君主の側も兵士の暴動を防いで軍紀を維持するために、あらゆる手だてをつくした。しかし万策つきたときには、兵士たちに掠奪を許可する以外にほかに手はなく、実際そうするのがふつうであった。

食糧の供給も、極めて大きな問題をかかえていた。グリンメルスハウゼンは、末端兵士の悲惨な食生活を「葡萄酒《ぶどうしゅ》やビールや肉にありつくことはほとんどなく、リンゴとカビの生えた固いパンが最上のご馳走《ちそう》であった」と書き記しているが、この言葉は決して誇張ではない。食糧供給にさいしては、中隊を経営する将校、軍事監察官、さらに穀物商や運送業者といった者たちが結託し、利殖活動をしたからである。彼らは、水路輸送によってカビてしまった穀物を半値で買い集める一方で、君主に宛てた勘定書では全額を請求した。給養にかんする命令では、すべての国においてパンの分量と成分が定められていたが、軍商たちはいたる所でパン屋を買収し、分量を不正操作させた。小麦粉に藁《わら》くずや麦かすがまぜられ、小麦とライ麦の配分規定はいたる所で無視された。このように、特定の者たちが給養の問題にひそむ弱点を利殖に利用したため、そのしわよせとして、兵士は極端に厳しい生活をよぎなくされたのである。

飢餓、栄養不足、寒さは兵士の体力を奪い、肉体をむしばみ、病気を蔓延させ、最終的には死にいたらしめた。フランス軍では、一六三五年から五九年までの約二五年間におよそ五〇万人の兵士が病死したといわれている。また、一六二〇年から一七二〇年までのスウェーデン軍の統計によれば、戦闘中に死亡した兵士が全体の約一五％なのにたいし、病死者は七五％に達している。近世の軍隊における主要な死亡原因は、戦闘による死亡ではなかった。その数倍の兵士が病死していたことは、つとに銘記されるべきであろう。

給養の問題がこれほどまでに深刻化した背景には、軍隊の急増が考えられる。中世末に三万人程度だった動員兵力は、一般に、十六世紀以降激増したといわれる。三十年戦争期には軍隊の規模はさらに増大し、最大時の兵力は、両軍ともに一〇万人を大幅にこえた。短期間でこれほど巨大化した軍隊にたいして十分な俸給や食糧を供給することは、どの君主にも不可能であったのである。そして、この前例のない大規模軍隊の出現が、「戦争が戦争を養う」原則のもとでヴァレンシュタインによる▲軍税システムを成立させる一方で、ただでさえ不

▼ヴァレンシュタインによる軍税システム　軍隊の維持のために駐留地住民に課せられた臨時挑発のこと。住民へのある程度の賦課は以前から存在したが、ヴァレンシュタインはこれを大幅に組織化および拡充し、敵味方を問わず軍の維持費全体を徴収するシステムにまで高めた。

ヴァレンシュタイン

●—**野営** 幾多のテントと酒保商人の店がひしめき、野営地はあたかも小都市のようであった。

解雇された鼓手

十分な兵站の問題を著しく先鋭化させたのであった。軍隊の規模の猛烈な拡大、それに見合う財政力の欠如、酒保商人への兵站の依存、中隊経営といった特質が、三十年戦争期においては兵士への俸給や物資の安定供給をひどく困難にさせ、その結果、彼らによる激しい掠奪を生じさせたのである。

マロードたちの群れ

掠奪との関連では、当時の軍隊の特質をもう一つ指摘しておかねばならない。それは、軍隊社会が解雇兵や落伍兵《らくごへい》にたいしてまったく関与しなかったことである。つぎの部隊に雇われるまでの失業兵や、軍隊社会から離れた落伍兵は、自力で生き延びねばならなかった。その結果、彼らの多くは無法者と化し、三十年戦争期にはマロード団と呼ばれる強盗団を結成して、掠奪をはじめとする数々の狼藉《ろうぜき》に手を染めたのである。マロードとは、もともと十六世紀のフランス語で「乞食《こじき》」を意味したが、三十年戦争時代のドイツでは「軍から離れた掠奪者」としていみきらわれた人びとを指す言葉になっていた。

十七世紀半ばまでの軍隊は、ふつう戦争が終わるとすべて解散された。傭兵

傷病兵の運命（カロの銅版画）

にとってそれは解雇であり、失業を意味したから、ときには彼らが談合して戦争を継続させることすらあった。だが、部隊が解散されて平和が訪れると、つぎの傭兵仕事を見つけるため、彼らはあちこちの放浪をよぎなくされた。失業兵たちは土木や収穫の補助作業員として臨時に働くことも多かったが、他方で窃盗やゆすりを繰り返し、農家を掠奪する者もあとを絶たなかった。放浪乞食の失業兵による掠奪行為は、すでに十六世紀には深刻な社会不安をまねいており、これが三十年戦争期のマロード団の背景をなしたのである。

落伍した傷病兵もまた、その多くがマロードになった。兵士が負傷や病気をした場合、それが軽度のものなら輜重隊の女性によって看病されたが、移動する軍隊についてゆけないほどの症状になり、落伍すると、もはやその兵士は軍隊で要なしとされた。兵士の妻子が疾病《しっぺい》して落伍したときも同様である。当時の軍隊には、落伍兵を養護する施設などもちろん存在しなかったから、彼らはせいぜい都市の施療院《せりょういん》に送られるだけであった。落伍して、いまや軍隊社会との結びつきを失った傷病兵は、同時にいっさいの保護をも失い、放浪乞食にならざるをえなかったのである。身寄りもなければ財産もない彼らのたどる道は、

マロードによる農家襲撃

失業兵のそれとなんら変わらなかった。
マロード団は正規の軍隊ではなかったから、もちろん戦闘もしなければ輜重隊の仕事にもたずさわらなかった。それゆえ彼らのことを傭兵と呼ぶことはもはやできない。グリンメルスハウゼンは彼らを「ジプシー」のようだといっている。マロードは「気の向くままに軍隊の前方、後方、左右、真ん中を歩きまわる」だけでなく、「真面目な兵隊が旗を守って暑さ、渇き、飢え、寒さ、その他のあらゆる労苦を堪え忍んでいるとき、マロードは集団をつくって生垣の蔭や木の蔭、寒い日は日なたや焚き火のまわりに座りこみ、煙草《たばこ》をふかして油を売っている」。また、「行軍する兵隊がへとへとに疲れ、鉄砲の重さに喘《あえ》いで倒れ込みそうになっているとき、マロードの集団は行軍の隊伍のまわりでかっぱらいにふけっている」ともいう。戦争の長期化によって、失業兵や落伍兵がいっそうふえただけでなく、都市や農村で生きてゆけずに逃げた者などもこの集団に加わったため、マロード団は戦争をつうじて巨大化する一方であった。
マロードと密接な関係をもつものとしては、さらに騎馬巡察隊がある。この部隊の本来の任務は偵察活動であった。しかし、軍隊の生存条件が厳しくなると、敵の場所や兵力、作戦行動を知ることよりも、自軍が生き残るための物資の探索のほうが重要になった。そのため、やがて軍紀を大幅に逸脱する巡察隊があらわれ、敵の補給部隊や商人の輸送隊をおそいはじめたのである。戦争が長引けば長引くほど、軍隊はこの種の掠奪に依存せざるをえなくなった。騎馬巡察隊の掠奪と狼藉はことさらにひどく、人びとから恐れられた。部隊の困窮が極まると、無法者へと落ちぶれた彼らの紀律を保つことはもはや難しくなった。軍紀にほとんど服さないこの巡察隊とマロード団は、どちらも正規軍の周りを移動した集団だったため、両者の境界は極めて微妙であった。

傭兵軍時代の軍隊は、冷徹な企業論理を貫いた自立的な組織であった。失業兵や落伍兵への無配慮は、そのなによりのあかしである。また、騎馬巡察隊の掠奪は、規則的な給養のできない軍隊を存続させるために不可避であった。この意味でマロード団は、いわば傭兵軍の落とし子のようなものであった。マロードはたしかに正規の傭兵ではなかったが、彼らの掠奪は、傭兵軍のもたらした必然的な帰結でもあったのである。

③—常備軍の時代

軍隊の集権化

三十年戦争が終結して十七世紀の後半に入ると、ヨーロッパの大陸諸国では君主権力がますます強化され、絶対主義と呼ばれる統治体制が確立した。それにともなって軍隊のあり方も大きく変化したことは、周知の事実であろう。常備軍時代の到来である。

軍隊におけるこの大きな変化は、一言でいうなら「軍隊の集権化」と表現することができる。かつては独立の軍事企業家であった傭兵隊長は姿を消し、かわりに君主に直属する将校が登場した。将兵の衣食住は原則的に、国庫によってまかなわれるようになり、兵士はいまや、一律に支給された軍服をまとうようになった。十七世紀後半以降には、退役兵士のための廃兵院が各国で建設され、これとほぼ期を同じくするように、大きな社会問題だった失業兵の狼藉《ろうぜき》が沈静化した。マロード団も消滅した。実際の効果は別問題であるとはいえ、十八世紀半ばのフランスでは兵舎が整備され、兵士に年金すら支給されるようになった。また軍隊は、君主の所有物としてその権力を象徴するだけでなく、あるべき支配秩序をも表現するようになった。「全き家」と呼ばれる秩序である。そこでは、君主は軍隊という家の家父となり、すべての裁定者となる一方で、将兵を保護し撫育《ぶいく》する義務を負った。中・近世ヨーロッパの支配秩序の基礎をなす家父長制の理念が、この時代には軍隊にも全面的におよんだのである。

すでに明らかなように、これらの変化は、従来大幅に自立的であった軍隊にたいする君主の本格的な介入を示すものであり、絶対主義国家による集権化過程の一部である。また近代軍隊の成立という視点からみても、そのどれもが不可欠な変化であった。常備軍時代の「軍隊の集権化」は、軍隊の近代化にあたって決定的に重要な局面なのである。

しかし、この時代の常備軍を近代的なイメージだけでみるのは一面的である。そもそも、この軍隊は十九世紀以降のような国民的基盤に立った軍隊ではない。主力をなしたのはこれまでと変わらず傭兵であるから、むしろこれは「常備傭兵軍」と呼んだほうが適切な軍隊である。外国人傭兵への依存率も近代軍隊に比べるとはるかに高い。ルイ十五世▲期のフランス軍は、平時には少なくとも八

▼**ルイ十五世**(一七一〇〜七四)
フランス王(在位一七一五〜七四)。ルイ十四世のひ孫。君主としても政治家としても有能とは言い難く、七年戦争に敗北してカナダ、インド植民地を喪失し、さらに国家財政が破綻するなど、彼の治世でフランスは勢威を弱めた。

▼フリードリヒ・ヴィルヘルム一世（一六八八〜一七四〇）　プロイセン王（在位一七一三〜四〇）。軍隊を核とする国づくりを展開してプロイセン軍事官僚国家を確立した。「軍人王」「偉大なる内治の王」の異名を持つ。

▼フリードリヒ大王（一七一二〜八六）　プロイセン王（在位一七四〇〜八六）。父の残した精強な軍隊を用いてオーストリア継承戦争、七年戦争を戦い、プロイセンを一躍ヨーロッパ列強の一角へと押し上げた。啓蒙専制君主の典型といわれる。

分の一、戦時には四分の一がそれであった。十八世紀のプロイセン軍では、フリードリヒ・ヴィルヘルム一世▲の治世において、外国人傭兵の割合は最大時で軍全体の三分の二であった。フリードリヒ大王▲期になっても、平時においては実兵力の半分程度を外国人が占めていたといわれている。

また、軍隊の内部において、連隊長や中隊長が大幅な裁量権を保持しつづけたことは極めて重要である。常備軍はこの点にかんして、前代の軍隊の特質をほぼそのまま受け継いでいるといってもよいほどである。そのもっともよい例は中隊経営の存続であろう。中隊の維持に必要な費用は国家から一括して支給されたのだが、これにたいする中隊長の自由裁量権は以前と変わらなかった。それゆえ中隊長は、これまでと同様に、経費を節減して個人収入の増加に努めたのである。フリードリヒ大王時代のプロイセン軍の「非番兵」は、その一例である。非番兵とは、ときとして強制的に休暇を与えられた外国人傭兵のことで、中隊長は休暇中の彼らの俸給を自分の儲けにしていた。非番兵の数が多いほど中隊長の収入は増加したため、非番兵の人数は定められていたものの、定数以上の兵士が非番兵にされていた。この例からもわかるように、常備軍時代においてもなお、中隊経営という傭兵軍時代の特質はいまだに存続していた。前代との連続性は、常備軍の性格を規定する重要な因子ですらあったのである。

強制徴募

さて、常備軍時代において注目されるのは、募兵の領域で生じた大きな変化である。この時代になると、これまであまりみられなかった強制徴募という募兵に言及する史料が、数多くあらわれはじめるのである。

強制徴募とは、物理的な暴力のみならず、恐喝や詐欺、奸計を用いた不法な募兵のことである。このような募兵としては、酒場で若者を泥酔状態にさせ、身に覚えのないまま新兵にするという詐欺的な方法が、もっとも頻繁《ひんぱん》におこなわれた。ほかにも、例えばフランスのオルレアンではもう少し乱暴な事例として、市の立つ日になると、若者を暴力的に拉致《らち》しようとする者で市場があふれたという史料が残っている。乱暴な募兵といえば、もっとも評判が悪かったのは十八世紀のプロイセンであろう。ここでは、募兵将校が乗合馬車を襲ったり、日曜日のミサの最中に押し入って頑強な若者を拉致したりと、かなり激しい徴募がおこなわれた。募兵将校から逃れるために、村の若者全員が集団逃亡したという話も伝えられている。

このような事例を並べると、常備軍時代の募兵はまるで人狩りであったかのように思われてしまうが、実際にはだれそれかまわず徴募できたわけではなかった。無軌道な募兵は、君主の命令によって禁じられていたからである。例えば、一七二七年のハノーファー選帝侯国の規定によれば、募兵は「公益をそこねずに」なされねばならず、「公益にとって有用な者よりはその負担になる者」を多く募兵することが求められていた。「公益にとって有用な者」とは、貴族や官吏はもちろんのこと、家屋敷や農場をもつ者、マニファクチュア▲や鉱山の労働者といった人びとのことである。彼らは統治業務や租税の重要な担い手であったため、募兵の対象からはずされていたのである。君主に体現される絶対主義国家は、一方で新兵の調達を重要な課題としたが、他方では重商主義▲の見地から、経済政策上有用で担税力のある者を兵士にさせるわけにはいかなかった。軍隊が彼らを徴募しようとするときは、彼らを保護しなければならなかったのである。募兵の問題はこのように、軍備増強と経済促進という、絶対

▼マニファクチュア　前近代における製造業の生産形式の一つ。多数の就業者が働く、集中化された生産の場(前工業化時代の工場)。工場制手工業とも呼ばれる。

▼重商主義　絶対主義時代の経済政策。一般的には、関税政策による貿易収支の黒字化と自国の経済振興とによって国富の増大をめざす政策として理解されている。いずれも国家の強い統制をともなったため、のちに自由主義経済学によって批判された。

●──創設当初のプロイセン常備軍兵士

●──製紙マニュファクチュア

プロイセンの募兵旗

▼アウクスブルク同盟戦争（一六八八〜九七）　プファルツ選帝侯の継承をめぐって、フランスのルイ十四世がアウクスブルク同盟（イギリス、オーストリア、オランダなどで構成）と戦った戦争。プファルツ継承戦争ともいう。

主義国家の両立しがたい課題が交差する領域だったということができる。

ところで、強制徴募がしばしば生じた原因はどこに求められるのだろうか。それは、兵士の需給関係の変化にあると考えられる。すでに述べたように、三十年戦争までの時代には、志願者のほうが募兵に必要な人数より多かった。つまり兵士の需給関係は原則的に供給過剰であったわけだが、十七世紀半ばからこの関係は逆転し、今度は需要が供給を大幅に上回るようになった。これ以降、募兵は非常に困難な仕事へと変わったのである。当然、傭兵一人の単価は以前より高くなり、募兵にかかる費用も増大した。例えば、ミュンスター司教国の新兵一人当たりの募兵費用は、一六五四年には三ターラーであったが、七一一年に九ターラー、七二年には一二ターラーへと四倍の上昇をとげている。また、大規模な募兵をおこなったプロイセンの場合、一七一三年から三五年までのあいだに募兵費用として一二〇〇万ターラーが費やされたといわれる。この額は実に、同時期の財政支出の約一割に相当するほどの金額である。

軍隊の急激な巨大化

それでは、なぜ兵士の需給関係は逆転したのだろうか。その理由はなんといっても、ヨーロッパ諸国の軍事力が急激に増大したことにあるだろう。三十年戦争時代の軍隊の巨大化はすでにみたとおりであるが、十七世紀後半における兵員数の増大はこれをさらに凌ぐ勢いであった。例えばフランス軍の場合、三十年戦争期(一六三五〜四八)に二〇万人だった規定兵員数が、アウクスブルク同盟戦争時には四二万人まで膨れあがり、わずか半世紀のあいだに倍増しているのである。このような軍隊の巨大化の過程を、イギリスの歴史家ロバーツは「フェリペ二世は四万人の軍隊でヨーロッパに君臨したが、ルイ十四世には四〇万人必要とした」とあざやかにいいあらわしている。彼の有名な軍事革命論によれば、その出発点になったのは、十六世紀におけるオランダの軍制改革によって考案された横隊戦術とその後の戦略の革新であったとされるが、ここではその是非を取り上げる余裕はない。いずれにしても、この時期におけるヨーロッパ諸国の軍隊が激増したこと、そしてその増大が軍事革命の重要な一局面であることにはまちがいなかろう。

▼フェリペ二世(一五二七〜九八) スペイン王(在位一五五六〜九八)。父カール五世から継承した広大な領土に加え、レパントの海戦の勝利、ポルトガル併合などにより、スペインは彼の治世下で黄金時代を迎えた。

▼オランダの軍制改革 オランダ独立をめぐる戦争のなかで、敵であり、当時の最強国であったスペインの密集方陣形「テルシオ」に対抗するため、オラニエ公マウリッツを中心におこなわれた改革。横隊による斉射戦術を主たる内容とし、近代軍事制度の確立に決定的な影響を与えた。

▼横隊戦術 テルシオの弱点を研究して改良された画期的戦闘隊形。機動力が格段にますとともに、銃兵の反転行進射撃によって銃の威力が最大限に引き出された。オランダ軍制改革以降ヨーロッパ全土に普及し、近世における野戦時の基本戦闘隊形となった。

軍隊の巨大化にともなう兵士の需要は、もちろん十六世紀においても高かった。しかし、この時期は同時に人口全体が増大した時期でもあったので、募兵にはさしあたり大きな困難は生じなかったのである。しかし十七世紀後半以降になるとそうはいかなかった。人口の増大はもはや以前ほどの伸びをみせず、かりにふえたとしてもそれは、軍隊の規模の加速度的な増大にとうてい見合うものではなかった。こうして兵士の供給はまったく追いつかなくなり、募兵の問題が一気に深刻化したのである。戦争の頻発はこれにますます拍車をかけ、兵員調達はヨーロッパ各国にとって大問題となった。定住する農民を徴募対象とした民兵制度がつくられはじめるのは、このような困難を打開する動きの一環である。フランスの国王民兵制▲(一六八八年)やプロイセンのカントン制度▲(一七三三年)がそれである。しかし他方では、手段を選ばぬ兵員増強策によって、犯罪者や浮浪者といった人びとが数多く軍隊に編入された。近世後半の常備軍は「犯罪者の寄集め」というイメージで語られることも多いが、これはまさに、こうした事情によってできあがったものである。そして強制徴募もまた、このなりふりかまわぬ募兵の結果であったことはいうまでもない。軍隊の急激な巨

▼国王民兵制　アウクスブルク同盟戦争時に兵員を大量動員するために創設された制度。傭兵主体の正規軍とは異なって、兵員の動員は官僚制度によっておこなわれた。当初は戦時のみの臨時的な制度であったが、一七二六年以降常設化された。

▼カントン制度　全国を徴兵区(カントン)に区分して連隊に割り当てる徴兵区制度、二年間の軍事訓練を受けた兵士に農繁期の数カ月間休暇を与える賜暇制度、そして未成年者を連隊名簿に登録する登録制度の三つを柱とする徴募制度。

大化こそ、強制徴募の主要因だったのである。

なお、十八世紀のプロイセンの野蛮さや「軍事国家ぶり」をことさら強調し、ほかの諸国とは別物のように論じるのは、適切ではないように思われる。なぜなら、プロイセンは他国以上の急激さで軍備増強した(あるいはせざるをえなかった)新興国だからである。他国以上の急激さを要求されたために、プロイセンのかかえた問題や歪みは他国以上に大きく、先鋭化したのであって、問題そのものは程度の差こそあれ、フランスやオーストリアといったほかの大国でも共有されている。強制徴募の場合も同様である。プロイセンでは兵員の調達が他国以上に深刻な問題になっていたのであって、それだからこそ、あのような激しい徴募が生じたのである。プロイセンほど極端ではないものの、強制徴募そのものは、常備軍を擁したほぼすべての国で存在したことを忘れてはならない。

脱走

強制徴募は、それ自体が常備軍時代に特有な現象であったが、同時にそれは、

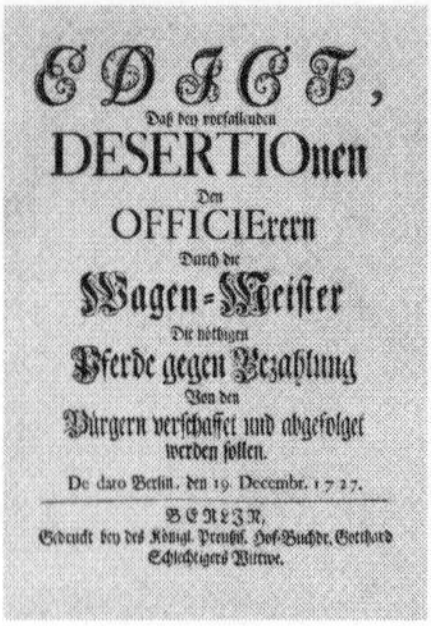
EDICT,
Daß bey vorfallenden
DESERTIOnen
Den
OFFICIErern
Durch die
Wagen=Meister
Die nöthigen
Pferde gegen Bezahlung
Von den
Bürgern verschaffet und abgefolget
werden sollen.
De dato Berlin, den 19. Decembr. 1727.
BERLIN,
Gedruckt bey des Königl. Preußis. Hof-Buchdr. Gotthard
Schlechtigers Wittwe.

脱走兵探索の手順を定めた訓令

別の構造的特質を軍隊に与えることになった。兵士の脱走がそれである。

三十年戦争期においても、たしかに兵士が脱走することはあった。さきに述べたように、俸給が未払いで極度に貧窮したときには多くの兵士が脱走した。ただしその原因は、軍隊が彼らに十分な報酬を与えず、まともな労働環境を整えないことにあったから、脱走はいわば、それにたいする兵士の抗議表明であったということができる。それゆえ、この時代の脱走兵は、脱走したあとでも別の軍隊へはいって軍務を続けるのがふつうだったのである。また軍隊を維持する側からみても、脱走の問題は、兵士を極端な困窮に陥らせさえしなければ、特別憂慮するに値しない問題であった。

ところが、常備軍時代の脱走はこれとは本質的に異なっている。この時代には、俸給がきちんと支払われているにもかかわらず、兵士の脱走があいついだのである。脱走はもはや、所属する軍隊への抗議表明などというものではなく、軍役そのものを放棄する行動であった。こうして脱走は、軍隊を維持する君主にとって放置できない問題になるとともに、常備軍の構造を規定する重要な特質へと変化したのである。

▼**ブレーカー**（一七三五〜九八）
プロイセン軍脱走兵。自伝的著作『トッゲンブルクのある貧民の生涯と実際の遍歴』は、当時の軍隊を一般兵士の視点から描いた稀有な史料であるとともに、十八世紀のスイス民衆文学を代表する作品として高い評価をえている。

軍役の放棄のための脱走が、強制徴募と密接な関係にあったことはいうまでもない。プロイセン軍から脱走したスイス傭兵ブレーカー▲は、まさしくこの種類の脱走兵である。貧農の家に生まれた彼は、いったんはプロイセンの募兵将校の従者としてなに不自由ない生活を送ったが、やがてこの将校に裏切られ、末端兵士としての生活をよぎなくされた。募兵将校にだまされての入隊は、明らかに強制徴募ということができる。ブレーカーはその後、半年ほどの駐屯生活をベルリンで送り、七年戦争の緒戦で脱走に成功した。彼は、後年著した自伝のなかで、かつての自分の脱走行為を「これっぽっちも悪いことをしたとは思っていない」と述懐している。そして、

強制された宣誓なんてくそくらえだと思ったし、参加した儀式だって、少なくとも私にとっては、とても宣誓式と呼ぶに値しないものだったと思う。

（阪口修平・鈴木直志訳『スイス傭兵ブレーカーの自伝』）

と述べるとき、ここに脱走と強制徴募との関係は明らかである。ベルリンでの兵士生活は、ブレーカー自身の見解では、自ら進んで選んだ道ではなく「悪いやつにだまされたから」そうなったにすぎない。彼によれば、そもそも詐欺的

▼列間笞刑　プロイセン軍で主におこなわれた刑罰で、笞をもった兵士たちが二つの列をつくり、そのあいだを軍紀に違反した兵士が往復し、笞打たれるというもの。違反した罪の軽重によって、列の長さ(笞をもつ兵士の数)と往復の回数が決められた。

な強制徴募が不法なのであるから、それによる入隊も無効であり、脱走も軍紀違反にはならないのである。脱走の主要因としての強制徴募は、まさしくこの論理のなかに明瞭にあらわれている。

君主の側も、このような脱走にたいして手をこまねいていたわけではなく、もちろんさまざまな防止策を講じていた。そのなかでもっとも効果的であったと思われる対策は、脱走兵に厳格な刑罰を与え、ほかの兵士たちの見せしめにしたことである。この点については、プロイセンの列間《れっかん》笞刑《ちけい》▲のようすをブレーカーが描いているので引用しておこう。

　二〇〇人の兵士が二列になってつくる長い小道を、脱走兵が笞《むち》で打たれながら八回も行ったり来たりして、息も絶え絶えになって倒れるまでの一部始終を、われわれは傍観せねばならなかった。翌日もまた連れ出された。打ちのめされた背中から、彼らの服はズタズタに引き裂かれ、そのぼろ服にしみ出た血がズボンの上に滴り落ちるまで、改めて笞打たれた。(前掲書)

実際、ブレーカーもこの刑罰への恐怖から脱走を断念しており、厳格な刑罰は脱走にたいする十分な抑止力として機能していたことがうかがわれる。だがそれでも脱走が生じた場合には、プロイセンの規定によれば、将校が近隣の全村に警報を発令したあと、農民も警鐘を鳴らして近くの木立や橋に赴き、脱走兵を探索することが義務づけられていた。脱走兵の追跡は、近隣の農村をも巻き込んだ大がかりなものであったのである。

常備軍の兵士

もとより、常備軍の兵士は、強制徴募の兵士ばかりで構成されていたわけではない。そもそも、軍のほとんどがブレーカーのような不本意入隊者だとしたら、脱走ばかりで戦争にならない。常備軍には強制徴募で入隊した兵士もいたが、それ以外の兵士も多数いたに違いないのである。ここでは、フランスとドイツ諸領邦の事例をもとにして、いくつかの異なる角度から常備軍の兵士を考察してみよう。

兵士の社会的出自については、十八世紀フランス軍の研究が比較的詳しいデータを提供している。それによれば、兵士の供給母体は主として、職人、農業

子どもの募兵

従事者、奉公人といった下層民であったことがわかる。入隊前の職業をみると、一七一六年の場合はこの三者で約八五％、三七年の場合には九三％に達している。また兵士の父親の職業についての統計からもほぼ同じことがいえる。職人、農業従事者、奉公人の三者は、ここでも十八世紀をつうじて約八〇％を占め、しかも時代がくだるにつれてその割合は増加している。兵士の社会的出自は低く、大多数が下層民であった。この特徴は、すでにみた傭兵軍時代との連続性を想起させる興味深い事実といえよう。

　北ドイツのシュレスヴィヒ＝ホルシュタイン＝ゴットルフ大公国については、一六九六年における連隊（四四三名）の年齢構成がわかっている。ここで注目されるのは、二十歳以下ならびに四十歳以上の兵士の割合である。二十歳以下の若者の募兵は、領邦条例や募兵特許状のなかで禁止されていたのであるが、ゴットルフの連隊にかんしては、全体の六・五％に相当する二九名が二十歳以下の兵士である。また四十歳以上の兵士については、体力的な問題から、多くの軍事理論家たちがこれを新兵にすることに反対していた。実際、四十歳をこえた未経験者が傭兵として働くことには相当な困難がともなったため、新兵の最

フランス軍兵士の入隊前の職業（1716, 1737年）

	1716年		1737年	
	人数	割合(%)	人数	割合(%)
貴族層	24	3.8	47	1.1
平民名士層	3	0.5	28	0.7
平民上層	64	10.0	233	5.6
職　人	495	77.3	2331	55.9
農業従事者	47	7.3	1494	35.8
奉公人	7	1.1	39	0.9
合　計	640	100	4172	100

〔出典〕佐々木真「王権と兵士」11頁。職業（階層）の項目は筆者が簡略化した。典拠では，平民名士層にはブルジョワ，自由業などが，平民上層には事務員，書記，商人，製粉業者などが属している。

フランス軍兵士の父親の職業（1716,1737,1763年）

	1716年		1737年		1763年	
	人数	割合(%)	人数	割合(%)	人数	割合(%)
貴族層	70	3.2	134	2.4	238	2.0
平民名士層	153	6.9	319	5.8	521	4.3
平民上層	244	11.0	616	11.2	1107	9.2
職　人	799	36.0	2193	39.9	5009	41.4
農業従事者	945	42.6	2194	39.9	5135	42.5
奉公人	6	0.3	37	0.7	75	0.6
合　計	2217	100	5493	100	12085	100

〔出典〕佐々木真「王権と兵士」12頁。職業（階層）の項目の簡略化については上と同じ。

シュレスヴィヒ＝ホルシュタイン＝ゴットルフ軍の連隊における年齢構成（1696年）

20歳未満	21-25歳	26-30歳	31-35歳	36-40歳	41-45歳	46-50歳	51歳以上	年齢未記入	合計
29	136	136	56	39	19	20	6	2	443
6.5%	30.7%	30.7%	12.6%	8.8%	4.3%	4.5%	1.4%	0.5%	100%

〔出典〕P. Burschel, *Söldner im Nordwestdeutschland des 16. und 17. Jahrhunderts*, S.118.

ゲッティンゲン駐屯兵士の勤務年数（18世紀前半）

	0-1年	1-2年	2-4年	4-6年	6-10年	10-15年	15年以上	合計
ドゥルヒトレーベン連隊	279	326	217	119	214	110	172	1,437
割合	19.4%	22.7%	15.1%	8.3%	14.9%	7.7%	12.0%	100%
ブロック連隊	160	214	198	135	408			1,115
割合	14.3%	19.2%	17.8%	12.1%	36.6%			100%

〔出典〕R. Pröve, *Stehendes Heer*, S.90. 調査対象時期は，ドゥルヒトレーベン連隊が1722～24年と1729～40年，ブロック連隊が1748～55年。なお，ドゥルヒトレーベンならびにブロックは，ともに連隊長の名前である。

高年齢を三十歳と定める領邦も多かった。だがゴットルフの連隊をみると、一割に相当する四五名が四十歳以上である。もちろんこのなかには、経験者の古参兵も含まれているであろうから、未経験者の割合は正確に特定できない。しかしすべてが古参兵であった可能性は低く、新兵も一定数はいたと考えられている。とすると、このゴットルフの事例からは、少年兵と老兵のいずれにかんしても、募兵の規範とその現実とのあいだにズレがあったということを指摘できるだろう。

最後に、兵士の勤務年数について述べよう。この点にかんしては、十八世紀前半のハノーファー軍のことが詳しくわかっている。この国にあるゲッティンゲンという都市に駐屯した二つの連隊（二五五二名）の勤務年数を示した表によれば、勤務年数が一年に満たない兵士は全体の一五～二〇％である。一〇年以上勤務する兵士は、ドゥルヒトレーベン連隊で約二割となっている。ブロック連隊では調査期間が七年間しかないため正確な数値はわからないが、他の勤務年数の数値が似ていることから、ドゥルヒトレーベン連隊と同じぐらいの割合であったと推測してもよいだろう。一年以上四年未満の兵士の割合は、両連隊

十八世紀半ばのゲッティンゲン

ともほぼ同じで、四〇%弱に達している。数値をみるかぎり、どうやらこの兵士たちが全体の多数のようである。とすると、常備軍の兵士の多数は一生涯勤務する職業軍人ではなかったということになる。かりに一〇年以上勤務する兵士を生涯勤務の古参兵とすれば、その割合は全体の二割程度で、残りの多くの兵士は、数年間の短期間労働として軍役に志願していたのである。実際、いくつかのドイツ諸領邦を検討した研究においても、兵役期間は長くて六~七年で、平均勤務年数は約三~四年と見積もられている。「職業軍人」とも呼ばれる常備軍の兵士は、やはりその多数が短期間勤務であったのである。

この点をふまえたうえで、極めて図式的ないい方をすれば、常備軍時代の兵士は、戦力と組織の両面において部隊の中核をなした古参兵、数年間というかぎられた年限の仕事として兵役を志願した兵士、そして危急時や戦時に強制徴募で集められた不本意入隊者の三種類に分類されるのではないかと思われる。とりわけ平時には、軍隊への志願者が一定数存在し、強制徴募は極めてまれだったという指摘もあることから、兵士はほぼ第一、第二類型の者たちで構成されていたと考えられる。しかしながら、短期間の大幅な兵員補充が必要になった戦時には、やはり犯罪者や浮浪者が数多く編入され、強制徴募兵も増加した。七年戦争の直前に強制徴募されたブレーカーは、まさしくこのタイプの典型的兵士である。たしかに彼のような強制徴募兵は、常備軍時代にはじめてあらわれるという意味でこの時代に特有の兵士であった。しかし、それは兵士の多数を占めたわけではない。さきにみたように、多数をなしたのはあくまでも第二類型の兵士たちであった。常備軍時代の兵士は、その多くが三〜四年の勤務ののち、都市や農村へとふたたびもどっていったのである。

宿営による「社会の軍事化」

常備軍の時代になると、軍隊社会と既存社会(都市や農村)との接触についても比較的多くのことが知られてきている。ここでは、都市ゲッティンゲンにおける宿営を例にして、両者の相互関係を検討してみよう。

宿営とは、職務にある軍人が行軍中あるいは平時に、都市民や農民の家に投宿することである。近世のドイツでは、財政的な理由から兵舎の建設が促進されなかったため、宿営が広く普及していた。十八世紀のゲッティンゲンでは、軍隊のための税負担として、宿営税、糧食税、物品営業税が市民によっておさめられた。それにより将兵たちに、住居、パン、俸給がそれぞれ支給されたのである。実際の宿営にさいしては、通例、二〜三人で一室の寝室〈暖炉なし〉が兵士たちにあてがわれ、さらに台所と食器、調味料の使用が許された。冬になると、家主の使う暖炉部屋へ行くことも許可されていた。兵士と家主がおだやかな共同生活を送ることができなくなったときには、定額の示談金が家主から兵士に支払われ、それにより兵士は立ち退き、別の部屋を探してもよいことになっていた。

都市民にとって宿営は極めて大きな負担であった。異質なメンタリティーをもつ軍人との同居は、そもそも大きな心理的負担となったであろうし、宿営税を現金で支払うにしても、その額は軽視できないほどであった。兵士が病気になったときには家主一家が看病せねばならず、そのさいには自分たちも感染する危険があったため、これまた大きな問題であった。だがおそらく最大の問題となったのは、宿営先での兵士と都市民との衝突であろう。実際、宿営先で狼藉を働く兵士に苦しめられた都市民の姿は、ゲッティンゲンに限らず、数多く

領主とその家族の監視下で賦役労働をするプロイセン農民

の史料で跡づけることができる。例えば、プロイセンのハレという都市で宿営の家主をしたディーツ親方は、つぎのように書き残している。

わたしの子どもたちは兵士の子どもたちに突かれ、なぐられた。〔兵士は〕なんでもこっそり持っていく。庭を荒し、庭木に小便をかける。……鏡も暖炉もたたき壊す。皿と壺を割り、窓から外へほうり投げる。……平和と安らぎを味わいたければ、連中が出向料と称して毎月二十グロッシェン以上もゆすり取っていくのをがまんするしかなかった。（佐藤正樹訳『大選帝侯軍医にして王室理髪師ヨーハン・ディーツ親方自伝』）

いまや都市社会では、街頭や市場のみならず、市民の私的な生活圏にも軍服を着た男たちが侵入してきた。軍人たちは市民に、財政的にも、心理的にも、また日常生活のさまざまな場面でも負担をしいることになったのである。

かつて歴史家のビュッシュは、十八世紀のプロイセンを取り上げて、そこにみられた社会の変容を「社会の軍事化」と表現した。農業国プロイセンでは、貴族＝将校が、軍隊においても、農村においても、農民＝兵士を笞打って彼らに命令・服従原理を徹底的に教え込んだ結果、生活様式にいたるまで軍隊の影響を色濃く受けたというのである。生活のすみずみにいたる軍隊の影響力という点では、これまで述べてきた宿営もまた同じようなベクトルをもっていたことは明らかであろう。宿営は「社会の軍事化」を担う重要な推進力になっていたのである。

軍隊社会と都市社会の共生

しかし、宿営がもたらした軍隊と都市民との関係は、こうした対立の側面だけではなかった。より子細にみると、両者の共生や協力、ひいては都市社会への兵士の統合ともいうべき事態すら生じていたからである。例えば経済の分野では、兵士が副業につくために、都市民と兵士とが協力してツンフト条例の網をくぐっていた。大工仕事のできる兵士は家主のために棚や扉をつくり、兵士の妻は売り子となって食料品を売った。軍楽隊員は、住民の結婚式や祝祭のときに楽器を奏でた。これらは総じて、既存のツンフトの営業領域を侵すものであり、それゆえ都市当局には手工業親方から数多くの苦情が寄せられた。しかし、ツンフト条例違反で兵士たちを罰することは非常に難しかった。なぜなら、

ゲッティンゲン駐屯兵士の嫡出子の洗礼立会人（1721〜1755年）

洗礼数	市民	都市下層民	親戚	軍人	その他
1828	131(7.2%)	923(50.5%)	148(8.1%)	519(28.4%)	107(5.9%)

〔出典〕R. Pröve, *Der Soldat in der 'guten Burgerstube'*, S.212.

兵士と市民のあいだには、生産者(兵士)と購買者(市民)、雇用主(市民)と被用者(兵士)、あるいは販売者(兵士)と消費者(市民)といった多面的な相互依存関係がすでにできあがっていて、取調べにさいして両者は談合したからである。また、市門通過のさいに支払う物品営業税は、検問にあたる兵士によって、家主のそれが見のがされることがあった。市門は、兵士と都市民とが共謀する密輸の場になりえたのである。要するに、宿営のさいに両者が共同で利用する居住空間は、たがいに衝突する場所だけでは決してなく、生産をし、ものを売り、共謀の取決めをする場所でもあった。宿営は、兵士と都市民の相互に利益を生み出す協力関係をつくりだしていたのである。

経済の分野以外にも、兵士と都市民は多くの接点をもっていた。例えば、両者はともに余暇を楽しむこともあったし、飲酒仲間になることもあった。兵士と都市在住の女性との同棲は、数多くの事例が存在している。表からもわかるように、ゲッティンゲンに駐屯する兵士の子どもの洗礼立会人、ならびに兵士の結婚相手として、ともにもっとも多いのは都市下層民である。これに市民権をもつ正規の都市民を加えると、いずれの場合も都市住民の占める割合は約三

ゲッティンゲン駐屯兵士の結婚相手（1721〜1755年）

結婚数	市民の娘/未亡人	都市下層民の娘/未亡人	軍人の娘/未亡人	その他
301	51（16.9%）	147（48.8%）	44（14.6%）	59（19.6%）

〔出典〕R. Pröve, *Der Soldat in der 'guten Burgerstube'*, S.212.

分の二に達している。さらに、一七二〇年から五五年までにゲッティンゲンの市民権を獲得した移住者のうち、かつての兵士は約七分の一にのぼっている。

これらのデータが示しているのは、たんに多くの接点が兵士と都市民とのあいだにあったということだけではなく、兵士たちがゲッティンゲンの都市社会に統合されてもいたという事実である。宿営はそのさいに大きな役割をはたした。出稼ぎなどで都市に住み込むのとは異なり、宿営では比較的長期にわたって、兵士と都市民の濃密な相互関係が必要とされたからである。それをつうじて、兵士は数多くの都市民と知り合い、街の風習にもなじむことができた。また市民の側でも、優秀な手工業技術をもつ兵士を修業させたり、気心の知れた兵士を婿入りさせたりすることで、家業の継承をはかることができたのであった。

以上のことからわかるように、軍隊社会と既存社会のあいだに「社会の軍事化」という方向性だけを想定するのはまちがいである。両者のあいだにはたしかに「社会の軍事化」と呼ぶにふさわしい関係があったが、他方では協力的な社会関係や経済関係もとりむすばれていたのである。それどころか、支障なくおこなわれた日常的な宿営が史料として残りにくいことを考えれば、軍隊社会と都市とのあいだには反目や暴力の行使よりも、むしろ相互協力関係のほうが支配的であったとすらいえるかもしれない。

軍隊と啓蒙

ヨーロッパの十八世紀は一般に「啓蒙の世紀」と呼ばれる。周知のように啓蒙とは、従来までの蒙昧《もうまい》な状態を光で照らすことであって、主として科学と教育とをつうじて、人間の幸福と社会の進歩をもたらそうとする実践的思想である。啓蒙は戦争や軍隊の領域にもおよんだ。とりわけ十八世紀の後半になると、「戦争と軍隊はいかにあるべきか」をめぐって知識人たちが広く議論するようになった。この「軍隊の啓蒙」の結果、戦争の科学的研究が要請され、将校の一部が啓蒙の思潮と密接にかかわるようになるとともに、戦争学を修得するための新しい軍事学校がヨーロッパ各地に創設された。これらはたしかに、いずれも重要な変化なのであるが、現実には啓蒙家の主張どおりにすべてが実践され、成功をおさめたわけではなかった。したがって「軍隊の啓蒙」の意義は、

▼**グロティウス**（一五八三～一六四五）　「国際法の父」と呼ばれるオランダの自然法学者。三十年戦争の惨状を目のあたりにして一六二五年に『戦争と平和の法』を著し、戦時と平時の双方において国際法が必要であることを説いた。

その実態よりも理念のレベルに求められねばならない。

掠奪にたいする観念も、啓蒙の影響を受けて原理的な転換をとげた。啓蒙以前にも、多くの法学者や神学者たちによって、無限の掠奪を制約する理論が唱えられていたが、それらはいずれも、やはりさきにみた伝統的な諸観念に立脚したものであった。例えばグロティウス▲における「敵」の概念には、なお一般住民がすべて含まれていたし、正しい戦いにおける適正な掠奪は、彼にとっては依然として合法であった。啓蒙は、このような思想状況に決定的な楔《くさび》を打ち込んだ。一七六二年に公刊されたルソーの『社会契約論』は、この原理的な転換を簡潔かつ明快に示したものといわれているが、そこではつぎのような主張が展開されている。

戦争は人と人との関係ではなく、国家と国家の関係である。そこにおいて個人は、人間としてではなく、国民としてでさえなく、ただ兵士としてまったく偶然に敵となるにすぎない。……戦争さいちゅうにおいてさえ、正しい君主は、敵国において……個人の生命と財産は尊重する。つまり、自分の権利を基礎づける権利を尊重するのである。（桑原武夫・前川貞次郎訳

▼ギベール伯(一七四四〜九〇)
フランスの啓蒙軍事思想家、戦略理論家。フリードリヒ大王を崇拝する軍人で、七年戦争への従軍経験ももつ。縦隊戦闘隊形の機動力と横隊戦闘隊形の火力とを折衷するオーダーミックスの考案、師団編成の確立など、近代的な戦略や戦術の基礎をすえた。

『社会契約論』)

ここでは、戦争が国家間の戦いと定義され、「敵」は戦闘員のみに限定されている。一般住民はもはや敵とみなされておらず、さらに私有財産権の論理から掠奪が非合法化されている。中・近世ヨーロッパを特徴づけてきた掠奪＝合法行為という観念は、ここにいたってついに根本から否定されたのである。啓蒙は、これまで維持されてきた習俗を破壊し、新たな思想的基礎をすえたのである。

十八世紀後半のフランスでは、啓蒙の最重要拠点であったサロンで軍隊や戦争がよく論じられた。このサロンでもてはやされた軍事思想家の一人に、ギベール伯▲がいる。彼は一七七二年に『戦術概論』を書いていちやくサロンの名士となったのだが、このなかで彼は、傭兵軍とそれによる戦争の欠陥を厳しく批判している。彼によれば、傭兵軍はしょせん場あたり的に集めた兵力であり、兵士に十分な俸給を支払えもしない軍隊である。戦争をすれば、どちらの側もひとしく疲弊し、「国債は増し、信用は低下し、金は流出する」。講和の潮時は、もはや兵士を見つけられなくなったときであって、それでも「しばしば紛争の原因は未解決のまま残り、どちらの側も廃墟の中に坐し、借金を返すことと武器をとぐことに忙殺される」。このような欠陥を根本から克服する原則として、彼は注目すべき提案をする。

しかし、次のような国民がヨーロッパに生まれることを仮定してみよ。その特質も資源も政府も健全である国民。厳格な徳と国民的民兵によって決定された膨張政策に向かう国民。その目的を見失わず……財政的必要から武器を棄てることをよぎなくされない国民。そのような国民が……隣国を屈服させ、その脆弱な構造をひっくり返すのを、われわれは見ることになるだろう。（奥村房夫・奥村大作訳『ヨーロッパ史と戦争』）

ここで予言されているのは、徴兵制にもとづいた近代国民軍である。啓蒙の批判は、ついに近世軍隊からの原理的な転換を促すにいたったのである。もとより、ギベール自身はその実現を期待しないまま世を去ったが、その後まもなく始まったフランス革命戦争のなかで、彼の予言はまさに現実のものとなった。そして、周知のように、ギベールの予言した新しい軍隊が主流になったとき、近世の傭兵軍はその役割を終えたのである。

参考文献

H・J・C・v・グリンメルスハウゼン（望月市恵訳）『阿呆物語』岩波文庫　一九五四年
E・コンゼンツィウス編（佐藤正樹訳）『大選帝侯軍医にして王室理髪師 ヨーハン・ディーツ親方自伝』白水社　二〇〇一年
R・シャトラン（稲葉義明訳）『ルイ一四世の軍隊――近代軍制への道』新紀元社　二〇〇〇年
W・ゾンバルト（金森誠也訳）『戦争と資本主義』論創社　一九九六年
J・パーカー（大久保桂子訳）『長篠合戦の世界史――ヨーロッパ軍事革命の衝撃』同文館　一九九五年
R・バウマン（菊池良生訳）『ドイツ傭兵の文化史――中世末期のサブカルチャー／非国家組織の生態誌』新評論　二〇〇二年
M・ハワード（奥山房夫・奥山大作訳）『ヨーロッパ史と戦争』学陽書房　一九八一年
U・ブレーカー（阪口修平・鈴木直志訳）『スイス傭兵ブレーカーの自伝』刀水書房　二〇〇〇年
R・ブレジンスキー（小林純子訳）『グスタヴ・アドルフの歩兵――北方の獅子と三十年戦争』新紀元社　二〇〇〇年
H・プレティヒャ（関楠生訳）『中世への旅――農民戦争と傭兵』白水社　一九八二年
P・ヘイソーンスウェイト（稲葉義明訳）『フリードリヒ大王の歩兵――鉄の意志と不屈の陸軍』新紀元社　二〇〇〇年
W・マクニール（高橋均訳）『戦争の世界史――技術と軍隊と社会』刀水書房　二〇〇二年
F・C・ラウクハルト（上西川原章訳）『ドイツ人の見たフランス革命――従軍兵士の手記』白水社　一九九二年

F・C・ラウクハルト（上西川原章訳）『ゲーテ時代のひとつの断面――自伝「人生の有為転変」』三修社　一九九四年
京都大学西洋史研究室『傭兵制度の歴史的研究』比叡書房　一九五五年
上田修一郎『西欧近世軍事思想史』甲陽書房　一九七七年
大久保桂子「ヨーロッパ『軍事革命』論の射程」『思想』八八一号　一九九七年
大久保桂子「戦争と女性・女性と軍隊」『戦争と平和』（岩波講座世界歴史25）岩波書店　一九九七年
菊池良生『戦うハプスブルク家――近代の序章としての三十年戦争』講談社　一九九五年
菊池良生『傭兵の二千年史』講談社　二〇〇二年
阪口修平『プロイセン絶対王政の研究』中央大学出版部　一九八八年
阪口修平「社会的規律化と軍隊」『規範と統合』（シリーズ世界史への問い5）岩波書店　一九九〇年
阪口修平「近世ドイツにおける『軍隊社会』について――基礎データを中心に」『紀要』（中央大学文学部）四六号　二〇〇一年
阪口修平「近世ドイツ軍事史研究の現況」『史学雑誌』一一〇編六号　二〇〇一年
佐久間弘展「三十年戦争期の戦争組織と社会」歴史学研究会編『戦争と平和の中近世史』（シリーズ歴史学の現在7）青木書店　二〇〇一年
佐々木真「フランス絶対王政における国王民兵制」『史学雑誌』九八篇六号　一九八九年
佐々木真「王権と兵士――フランス絶対王政期の兵士と王権の政策」『駒澤史学』四九号　一九九六年
神寳秀夫『近世ドイツ絶対主義の構造』創文社　一九九四年

高澤紀恵『主権国家体制の成立』（世界史リブレット29）山川出版社　一九九七年

山内進『掠奪の法観念史――中・近世ヨーロッパの人・戦争・法』東京大学出版会　一九九三年

Burschel, P., *Söldner im Nordwestdeutschland des 16. und 17. Jahrhunderts. Sozialgeschichtliche Studien*, Göttingen 1994.

Kroener, B. R./Prove, R. (hrsg.), *Krieg und Frieden. Militär und Gesellschaft in der frühen Neuzeit*, Paderborn 1996.

Prove, R., *Stehendes Heer und städtische Gesellschaft im 18. Jahrhundert. Göttingen und seine Militärbevölkerung 1713–1756*, München 1995.

Wette, W. (hrsg.), *Der Krieg des kleinen Mannes. Eine Militärgeschichte von unten*, München 1992.

図版出典一覧

Baumgart, P. u.a., *Friedrich der Große. Herrscher zwischen Tradition und Fortschritt*, München, 1991. カバー裏, 65下

Burschel, P., *Söldner im Nordwestdeutschland des 16 und 17. Jahrhunderts. Sozialgeschichtliche Studien*, Göttingen, 1994. 24〜25上, 56, 74

Lahrkamp, H., *Dreißigjähriger Krieg. Westfälisher Frieden*, Münster, 1988. 13右中, 右下, 左上, 左下, 14, 24中, 25中, 34, 39, 40, 42, 47上, 中, 下, 51, 54, 55上, 57, 58

Milger, P., *Der dreissigjähriger Krieg. Gegen Land und Leute*, Niedernhausen, 2001. 扉, 13右上, 30

Mittenzwei I./Herzfeld, E., *Brandenburg-Preußen 1648 bis 1789. Das Zeitalter des Absolutismus in Text und Bild*, Berlin, 1987. 66, 70, 72

Möller, H., *Fürstenstaat oder Bürgernation. Deutschland 1763-1815*, Berlin, 1998. 77

Rogg, M., *Landsknechte und Reisläufer: Bilder vom Soldaten. Ein Stand in der Kunst des 16. Jahrhunderts*, Paderborn/München/Wien/Zürich, 2002. 5, 24下, 25下, 26, 27, 28, 33, 37, 55下

Schilling, H., *Aufbruch und Krise. Deutschland 1517-1648*, Berlin, 1998. 6

Schilling, H., *Höfe und Allianzen. Deutschland 1648-1763*, Berlin, 1998. 62, 65上, 80, 85

Stadler, A./Gödli, W., *Heriemini–welch eine Freyheit! Ulrich Bräker über <Himmel, Erde und Höll>. Illustriert mit Bildern aus seiner Zeit*, Zürich, 1998. 71

ワールド・フォト・サービス カバー表

世界史リブレット 80

ヨーロッパの傭兵《ようへい》

2003年6月20日　1版1刷発行
2020年9月5日　1版6刷発行

著者：鈴木直志《すずきただし》

発行者：野澤伸平

装幀者：菊地信義

発行所：株式会社 山川出版社

〒101-0047　東京都千代田区内神田1-13-13
電話　03-3293-8131(営業)　8134(編集)
https://www.yamakawa.co.jp/
振替 00120-9-43993

印刷所：明和印刷株式会社

製本所：株式会社 ブロケード

世界史リブレット　第Ⅰ期［全56巻］

〈すべて既刊〉

1 都市国家の誕生
2 ポリス社会に生きる
3 古代ローマの市民社会
4 マニ教とゾロアスター教
5 ヒンドゥー教とインド社会
6 秦漢帝国へのアプローチ
7 東アジア文化圏の形成
8 中国の都市空間を読む
9 科挙と官僚制
10 西域文書からみた中国史
11 内陸アジア史の展開
12 歴史世界としての東南アジア
13 東アジアの「近世」
14 アフリカ史の意味
15 イスラームのとらえ方
16 イスラームの都市世界
17 イスラームの生活と技術
18 浴場から見たイスラーム文化
19 オスマン帝国の時代
20 中世の異端者たち
21 修道院にみるヨーロッパの心
22 東欧世界の成立
23 中世ヨーロッパの都市世界
24 中世ヨーロッパの農村世界
25 海の道と東西の出会い
26 ラテンアメリカの歴史
27 宗教改革とその時代
28 ルネサンス文化と科学
29 主権国家体制の成立
30 ハプスブルク帝国
31 宮廷文化と民衆文化
32 大陸国家アメリカの展開
33 フランス革命の社会史
34 ジェントルマンと科学
35 国民国家とナショナリズム
36 植物と市民の文化
37 イスラーム世界の危機と改革
38 イギリス支配とインド社会
39 東南アジアの中国人社会
40 帝国主義と世界の一体化
41 変容する近代東アジアの国際秩序
42 アジアのナショナリズム
43 朝鮮の近代
44 日本のアジア侵略
45 バルカンの民族主義
46 世紀末とベル・エポックの文化
47 二つの世界大戦
48 大衆消費社会の登場
49 ナチズムの時代
50 歴史としての核時代
51 現代中国政治を読む
52 中東和平への道
53 世界史のなかのマイノリティ
54 国際体制の展開
55 国際経済体制の再建から多極化へ
56 南北・南南問題

世界史リブレット　第Ⅱ期［全36巻］

〈すべて既刊〉

57 歴史意識の芽生えと歴史記述の始まり
58 ヨーロッパとイスラーム世界
59 スペインのユダヤ人
60 サハラが結ぶ南北交流
61 中国史のなかの諸民族
62 オアシス国家とキャラヴァン交易
63 中国の海商と海賊
64 ヨーロッパからみた太平洋
65 太平天国にみる異文化受容
66 日本人のアジア認識
67 朝鮮からみた華夷思想
68 東アジアの儒教と礼
69 現代イスラーム思想の源流
70 中央アジアのイスラーム
71 インドのヒンドゥーとムスリム
72 東南アジアの建国神話
73 地中海世界の都市と住居
74 啓蒙都市ウィーン
75 ドイツの労働者住宅
76 イスラームの美術工芸
77 バロック美術の成立
78 ファシズムと文化
79 オスマン帝国の近代と海軍
80 ヨーロッパの傭兵
81 近代技術と社会
82 近代医学の光と影
83 東ユーラシアの生態環境史
84 東南アジアの農村社会
85 イスラーム農書の世界
86 インド社会とカースト
87 中国史のなかの家族
88 啓蒙の世紀と文明観
89 女と男と子どもの近代
90 タバコが語る世界史
91 アメリカ史のなかの人種
92 歴史のなかのソ連